Berit Bach

Der schönste Ponysommer aller Zeiten

Schneiderbuch

EGMONT

1. Auflage
© 2015 Schneiderbuch
verlegt durch EGMONT Verlagsgesellschaften mbH,
Gertrudenstraße 30–36, 50667 Köln
Alle deutschsprachigen Rechte vorbehalten
Erstmals erschienen unter den Titeln »Majas erster Ponysommer«
und »Maja macht den Reiterpass« bei Schneiderbuch, 2006
Umschlagillustration: Eleni Livanios
Umschlaggestaltung: Vanessa Blom
Satz: Greiner & Reichel, Köln
Printed in the EU (675292)
ISBN 978-3-505-13642-9
www.schneiderbuch.de

Die EGMONT Verlagsgesellschaften gehören als Teil der EGMONT-Gruppe zur **EGMONT Foundation** – einer gemeinnützigen Stiftung, deren Ziel es ist, die sozialen, kulturellen und gesundheitlichen Lebensumstände von Kindern und Jugendlichen zu verbessern. Weitere ausführliche Informationen zur EGMONT Foundation unter:
www.egmont.com

Majas erster
Ponysommer

Kapitel 1

Wir haben eine Überraschung für dich!« Majas Mama holte die Schüssel mit Schokoladenpudding aus dem Kühlschrank und stellte sie auf den Küchentisch.

Verdutzt sah Maja von ihren Spaghetti auf.

»Sagt jetzt bloß nicht, dass wir doch in Urlaub fahren! Ihr habt mir versprochen, in den Ferien in Berlin zu bleiben und dass ich jeden Tag in den Stall darf. Und mindestens zweimal pro Woche eine Reitstunde kriege. Ich will nicht weg!« Trotzig verzog sie das Gesicht und sah ihre Eltern vorwurfsvoll an.

»Langsam, langsam, du weißt doch noch gar nicht, um was es geht«, sagte Majas Papa, während er eine Nudel von seinem Hosenbein entfernte. »Dass mir die Dinger aber auch immer entwischen … Also, es hat zwar tatsächlich etwas mit Wegfahren zu tun, aber Nein sagen kannst du immer noch. Was ich mir an deiner Stelle genau überlegen würde.« Genüsslich wickelte er die nächste Portion Spaghetti auf.

»Papa hat recht. Wir haben nämlich zwei Wochen Reiterferien auf einer Nordseeinsel für dich gebucht! Jeden Tag Reitstunden, Ausritte am Meer, Striegeln bis zum

9

Abwinken und was man da sonst noch alles macht. Ich habe ja keine … «

»Ahnung«, wollte Majas Mutter sagen, kam aber nicht mehr dazu. Stürmisch umarmte Maja ihren Vater und fiel auch ihrer Mutter so heftig um den Hals, dass ihre Brille gefährlich ins Rutschen geriet und sie sie gerade noch auffangen konnte.

»Nicht so wild! Wenn ich eine neue Brille brauche, dann könnte es mit dem Urlaub noch knapp werden«, lachte sie und befreite sich aus Majas Umklammerung.

Maja setzte sich wieder hin und sah ihre Eltern mit strahlenden Augen an.

»Wow, das ist ja hunderttausendmal besser als zwei Reitstunden pro Woche! Danke! Tolle Eltern habe ich!«

»Na, das hört man zur Abwechslung doch mal gern. Und da wir gerade bei den Komplimenten sind … dieser Pudding schmeckt einfach wieder großartig!« Majas Papa verdrehte genüsslich die Augen. »Hast du gemacht, oder?«

Maja nickte und nahm sich auch eine große Portion.

»Lecker. Nur schade, dass man so was nur noch so selten serviert bekommt.«

»Kein Wunder … Wenn man wie unsere Tochter die ganze Zeit nach der Schule bei den Ponys verbringt, bleibt für Puddingmachen nicht mehr viel übrig. Schade für uns, aber so ist es eben«, erwiderte Majas Mutter seufzend und ließ einen weiteren Löffel Pudding im Mund zergehen.

»Mama hat es kapiert.« Maja war mit ihrem Nachtisch fast fertig und kratzte die Reste aus der Schale. Eilig schob

sie den letzten Löffel in den Mund und sah ihre Eltern neugierig an.

»Aber was ist das denn nun für ein Reiterhof, wo ich hinfahre?«

»Die Tochter eines Kollegen war im letzten Herbst dort und war völlig begeistert«, berichtete ihr Vater. »Jedes Kind hat ein eigenes Pflegepony, und die Leute, die den Dünenhof führen, sind wohl sehr nett. Neben Ponys gibt es natürlich noch das Meer, meistens Sonne und einen weiten Sandstrand. Lisa wollte in diesem Sommer wieder hin, hat sich aber gerade ein Bein gebrochen. Da Lothar weiß, dass du auch reitest, fragte er mich, ob du nicht Interesse hättest.«

»Und wir haben dann einfach hinter deinem Rücken gebucht. Frech von uns, oder?« Majas Mutter nahm noch einen Nachschlag vom Pudding. »Eigentlich wollte ich heute gar nichts Süßes mehr essen. Aber das hier ist so lecker … Also, in einer Woche fahren wir gemeinsam hin, Papa und ich reisen weiter nach Dänemark, und auf dem Rückweg holen wir dich wieder ab.«

Den letzten Satz kriegte Maja gar nicht mehr mit. In Gedanken saß sie schon auf einem weißen Pony und galoppierte den Strand entlang.

»Ich muss jetzt erst mal Lin anrufen. Aber lasst mir noch etwas Pudding für heute Abend übrig!«, sagte sie und flitzte aus der Küche.

Kapitel 2

Nachdem Maja mit Lin ausgiebig die Neuigkeiten der letzten zwei Stunden besprochen hatte, sauste sie in ihr Zimmer und holte die grün karierte Reisetasche vom Schrank. Bis zu den Sommerferien dauerte es zwar noch eine Woche, aber Maja war in Urlaubsstimmung. Putzzeug, Stiefel, Reitkappe und die Tüte mit Pferdeleckerli waren natürlich das Wichtigste, was mitmusste. Und das neue Pferdelexikon, das sie zum zehnten Geburtstag bekommen hatte. Wenn die anderen auf dem Dünenhof gut ritten und viel über Pferde wussten, wollte sie auf keinen Fall wie eine Anfängerin dastehen. Leider war Maja eine, denn sie nahm erst seit Kurzem Reitstunden. Und der Gedanke, dort die Schlechteste zu sein oder vielleicht zum ersten Mal herunterzufallen, verpasste ihrer Vorfreude einen Dämpfer.

Aber was sagte Thomas, ihr Reitlehrer, immer? »Das Glück der Pferde ist der Reiter auf der Erde. Und weil Pferde glückliche Tiere sein sollten, hat jeder gute Reiter einige Male Bekanntschaft mit dem Erdboden gemacht.«

Na also, dachte Maja. Dann falle ich eben auch mal runter und werde danach bestimmt richtig gut.

12

»Wisst ihr, wie viel ein Pferd am Tag trinkt?«

Endlich war der erste Ferientag gekommen, und Familie Färber startete am Vormittag Richtung Norddeutschland. Während der langen Fahrt las Maja fast ununterbrochen in dem Pferdelexikon.

»Keine Ahnung«, sagte ihre Mutter. »Aber gleich sind wir sicherlich schlauer.«

»Vierzig bis siebzig Liter. Und es frisst bis zu fünf Kilo Heu und dazu noch zwei bis drei Kilo Kraftfutter täglich.«

»Ganz schön viel. Was wiegt denn so ein Viech?«, fragte Majas Papa.

»Pferde sind keine Viecher.«

»Entschuldigung. Also wie schwer ist so ein … Vierbeiner?«

»Warte mal, ich guck nach.« Maja blätterte. »Ponys wiegen von hundert bis vierhundert Kilo und Pferde … zwischen vierhundert und sechshundert Kilo. Wie viel ist das?«

»Ungefähr vier- bis fünfmal Tante Hedwig«, meinte ihr Vater und musste lachen. Tante Hedwig war die Schwester von Majas Oma und sehr dick. »Dann versteh ich allerdings, dass sie solche Mengen verdrücken. Ein Grund mehr, sich nie so ein Viech anzuschaffen. Das frisst und säuft einem ja die Haare vom Kopf.« Er zwinkerte Maja im Rückspiegel zu.

»Aber ein Pony braucht nicht so viel. Erst recht nicht, wenn man es im Sommer jeden Tag auf die Weide lässt. Das ist sowieso besser, weil es dann mehr Bewegung hat und nicht so schnell krank wird.«

Amüsiert drehte ihre Mama sich nach hinten. »Du gibst nie auf, oder? Aber jetzt hast du erst mal zwei Wochen von morgens bis abends Pferde um dich herum. Das ist etwas anderes, als einmal pro Woche auf ein gesatteltes Pony zu steigen. Bin gespannt, ob du dann immer noch so verrückt nach ihnen bist.«

Kapitel 3

Nach fast sechsstündiger Autofahrt und zwei Stunden mit der Fähre waren sie am Hafen der Insel angekommen. Von dort folgten sie den Wegweisern mit der Aufschrift »Reitergut Dünenhof« quer über die Insel, auf der sich Wattflächen, Deiche, Birkenwälder, Wiesen und Dünen abwechselten. Auch an einem rot-weiß gestreiften Leuchtturm fuhren sie vorbei.

»Da vorn ist es!« Aufgeregt zeigte Maja auf ein stattliches Gutshaus hinter großen Weideflächen mit weißen Zäunen. Von der Straße führte ein holpriger Feldweg direkt auf den Hof des Anwesens. Herr Färber parkte den Volvo zwischen einem blauen VW-Bus und einem Pferdetransporter, die unter drei großen Kastanien in der Mitte des Hofes standen.

Maja staunte. So schön hatte sie es sich nicht vorgestellt! Links von dem großen Gutshaus stand noch ein kleineres Gebäude, das ebenfalls wie ein Wohnhaus aussah. Dazwischen war ein üppig blühender Bauerngarten mit vielen glänzenden Rosenkugeln. Das lange Stallgebäude befand sich rechts vom Haupthaus, daneben war ein Dressurviereck. Scheune und Reithalle lagen dahinter.

»Alles aussteigen, Endstation«, sagte Papa und stellte den Motor ab.

Zwei Mädchen führten Ponys über den Hof und sahen neugierig herüber, während ein blonder Junge einem zierlichen Schimmel vor dem Stall die Hufe auskratzte.

Als Maja das Pony sah, wurde sie ganz aufgeregt. Das war es! Das wollte sie reiten! Hoffentlich war es nicht schon an ein anderes Ferienkind vergeben oder gehörte gar nicht zum Dünenhof.

Das Pony hob seinen hübschen Kopf und blickte in Majas Richtung. Mit einem plötzlichen Glücksgefühl im Bauch sah Maja sich auf seinem Rücken durch die Dünen galoppieren.

Gackernd flogen ein paar aufgescheuchte Hühner zur Seite, als ein hellbrauner großer Hund heranstürmte und Familie Färber mit heftigem Schwanzwedeln begrüßte. Ihm folgte eine junge Frau in Jeans und Stiefeln.

»Willkommen auf dem Dünenhof! Ich bin Britta Harmsen, und das hier ist Troll.«

Lächelnd gab sie Maja und ihren Eltern nacheinander die Hand.

Maja beugte sich zu dem Hund hinunter und kraulte seinen Kopf.

»Das kannst du bei ihm stundenlang machen. Troll ist immer entzückt, wenn sich jemand mit ihm beschäftigt, und er tut keiner Fliege etwas zuleide. Leider auch keinem Einbrecher. Dem würde er bestimmt noch helfen, die Sachen rauszutragen, oder, mein Guter?« Britta zog leicht an Trolls Ohren, und Maja grinste. Lins Golden Retriever Ben war genauso ein gutmütiger Vertreter seiner Rasse wie dieser Troll. Und Maja fand es toll, dass es auf dem Dünenhof auch so einen schönen Hund gab.

»Fein, dass du jetzt da bist. Die anderen sind gestern schon angekommen. Wie wäre es mit Kaffee oder echtem Ostfriesentee nach der langen Reise? Und für dich vielleicht Apfelsaft?« Britta lächelte Maja und ihre Eltern an.

»Wenn Sie uns so nett fragen, gern«, nahm Majas Mutter die Einladung an, und sie gingen gemeinsam Richtung Gutshaus. Auf dem Weg dorthin bemerkte Maja erst den großen Teich und den Strandkorb in dem Bauerngarten. Auch die mit drei großen Sonnenblumen bemalte Tür von dem kleineren Gebäude gefiel ihr.

»Das ist das Ponyhaus, wo ihr wohnt. Ich zeige dir nachher alles«, erklärte Britta, die Majas Blick gefolgt war.

Kapitel 4

Die Tür vom Gutshaus war himmelblau mit kleinen weißen Wolken und stand in einem hübschen Kontrast zu den gelben Rosensträuchern, die rechts und links vom Eingang wuchsen.

Durch die Diele gingen sie in die große Küche. Während Britta Teetassen und Gläser auf den mächtigen Holztisch stellte, rutschte Maja auf die lange Küchenbank und sah sich interessiert um. Die alten Schränke hatten viele kleine Schubladen, es gab einen gusseisernen Herd, bunte Stühle, und der Boden war mit hellblauen und weißen Fliesen ausgelegt. Die Wände waren in den gleichen Farben gekachelt. Maja fand es urgemütlich hier. Besonders gut gefielen ihr die vielen verschiedenen Kissen, die auf den Stühlen und der Bank lagen. Sie nahm sich eines und setzte sich drauf. Troll ließ sich mit einem Seufzer auf seine Decke unter einem der Fenster fallen und bearbeitete einen alten Schuh, dem man seine ursprüngliche Form kaum noch ansah.

»Eine richtige alte Gutsküche«, rief Majas Mutter begeistert. »Also ... ich bin ganz hingerissen von Ihrem Reitergut!«

»Freut mich, dass es Ihnen gefällt. Jan und ich führen den Dünenhof jetzt fast drei Jahre. Jan hat ihn von seinen Eltern geerbt, er ist hier aufgewachsen. Ich komme aus Hamburg und hätte nie gedacht, dass ich mal einen Gutsherrn zum Freund haben würde«, schmunzelte Britta und setzte Wasser auf.

»Und das war vorher schon ein Reiterhof?«, wollte Majas Papa wissen.

»Nein. Ein ganz normaler Bauernhof. Aber ziemlich heruntergekommen. Jans Familie hatte nicht genug Geld, das Gut instand zu halten. Als seine Eltern gestorben waren, beschlossen wir, einen Reiter- und Urlaubshof daraus zu machen. Wir nahmen einen Kredit auf und machen seit drei Jahren nichts anderes, als umzubauen und zu renovieren.« Britta goss den Tee auf und stellte eine Platte mit frischem duftendem Butterkuchen auf den Tisch.

Maja lief das Wasser im Mund zusammen, als Britta ihr ein großes Stück auf den Teller legte.

»Zum Glück ist Jan gelernter Schreiner, und wir können auch sonst viel selbst machen. Man glaubt gar nicht, was so ein Projekt kostet.«

»Doch, kann ich mir gut vorstellen. Und man sieht es hier ja an jeder Ecke. Alles ist sehr gepflegt, die Reithalle scheint neu zu sein, und das Gutshaus ist wie alle anderen Gebäude in einem Topzustand. Das kostet natürlich.« Herr Färber sah durch das Fenster auf den Hof hinaus und wandte sich dann wieder Britta zu.

»Dass zwei so junge Menschen wie Sie und Ihr Freund das hier wieder in Schwung gebracht haben, imponiert mir.«

»Schwung ist noch zu viel gesagt. Aber wir sind auf dem richtigen Weg und mit den Pferden und dem ganzen anderen Viehzeug sehr glücklich hier.« Der Tee war fertig, und Britta stellte Sahne und Kandiszucker neben die Kanne.

»Spätestens im nächsten Sommer sollen acht Kinder kommen können, und wir werden bereits in diesem Herbst Kurse für Reiterpass und Reitabzeichen anbieten. Und neue Gastboxen bauen. Der Dünenhof soll eine erstklassige Adresse für Reiterferien werden. Darf ich einschenken?«

»Gern, danke.« Majas Mama hielt Britta ihre Tasse hin. »Mit Ihrem Elan und Ihrer Einstellung schaffen Sie das bestimmt. Sage ich doch immer: Man kann alles, wenn man nur will.«

Maja trank einen Schluck Apfelsaft und verdrehte die Augen. Die Bemerkung ihrer Mutter hatte sie schon zu oft gehört.

Britta lächelte. »Es stimmt aber. Man muss wollen, dran glauben und sich komplett für seine Sache einsetzen. Und es war manchmal zum Heulen: unmögliche Auflagen des Bauamts, neidische Nachbarn, kaum Geld. Aber wir haben nie am Dünenhof gezweifelt, und es ging und geht immer weiter. Wir fanden sogar einen Sponsor für den Bau der Reithalle.«

Die Küchentür flog auf, und der Junge, der vorhin dem weißen Pony die Hufe ausgekratzt hatte, kam herein.

»Moin«, sagte er, ohne Maja und ihre Eltern anzusehen. Sie grüßten freundlich zurück.

»Mit Niko bin ich fertig. Soll er auf die Weide?«

20

»Nein, stell ihn bitte in die Box, er geht um fünf. Kannst du dir heute auch noch Lord vornehmen? Ich komme bestimmt nicht mehr dazu und Jan wahrscheinlich auch wieder nicht.«

Der Junge nickte. Britta hielt ihm den Kuchenteller hin, er nahm sich zwei Stücke und verließ dann ohne ein weiteres Wort die Küche. Nachdenklich sah Britta ihm einen Augenblick hinterher.

Dann wandte sie sich wieder Maja zu.

»Um fünf Uhr ist Reitstunde, und du könntest mitmachen, wenn du magst. Wie lange reitest du schon?«

»Seit drei Monaten habe ich Unterricht. Aber vorher bin ich immer mal wieder auf Ponys geritten.«

»Gut. Zum Unterricht kommen auch Feriengäste und Kinder von der Insel. Im Sommer ist es ein ständiger Wechsel, und eine Einteilung nach Anfängern und Fortgeschrittenen gibt es deshalb nicht. Ich arbeite mit jedem einzeln, während die anderen selbstständig kleine Lektionen üben. Wer noch nicht in der Abteilung reiten kann, bekommt bei Jan oder mir Longenstunden. Aber die wirst du wahrscheinlich nicht mehr brauchen. Und am Ende der zwei Wochen gibt es noch eine Überraschung für euch Ferienkinder. Versuch aber gar nicht erst, es herauszufinden. Ich verrate nichts!«, meinte Britta lächelnd.

Maja sah Britta neugierig an. Eine Überraschung? Was konnte das sein? Sie hätte zu gern nachgefragt, doch wenn Britta schon betonte, dass sie nichts sagen würde, ließ sie es lieber bleiben. Außerdem hoffte sie, dass ihre Eltern bis fünf wieder weg waren. Sie war sowieso aufgeregt genug, da brauchte sie nicht noch Zuschauer.

»Sei bitte nicht enttäuscht, Schatz, aber wir machen uns allmählich auf den Weg. Heute Abend müssen wir wieder die Fähre nehmen, und ich möchte unbedingt noch ans Meer, wenn wir schon mal hier sind.« Frau Färber sah ihre Tochter bedauernd an.

»Okay«, erwiderte Maja und ließ sich ihre Erleichterung nicht anmerken. Mussten ihre Eltern ja nicht mitkriegen, dass ihr das ganz gelegen kam.

Kapitel 5

»Wenn ich das alles hier so sehe und nicht so viel Respekt vor Pferden hätte ... ich würde mir glatt überlegen, wieder mit dem Reiten anzufangen.« Sie standen am Auto, und Majas Papa kratzte sich verlegen hinter dem Ohr.

Maja sah ihn verblüfft an. »Wieso wieder? Bist du denn schon mal geritten?«

»In meiner Studentenzeit, lang ist's her. Aber damals war ich begeistert. Bis ich runtergefallen bin und dann keine Lust mehr hatte. Tja ...«

»Man ist nie zu alt, um wieder anzufangen«, meinte Britta. »Und wenn Sie wollen – wir helfen Ihnen gern dabei.«

Maja bekam Kulleraugen. »Das wäre supertoll! Und Mama macht auch mit! Ihr könntet doch im nächsten Jahr mitkommen, hier reiten lernen, und dann kaufen wir uns ein Pferd. Wenn wir es im Offenstall halten, ist es auch gar nicht so teuer. Bitte, macht doch mit!«

»Langsam, langsam«, schmunzelte ihr Vater und machte eine abwehrende Handbewegung. »Dein Urlaub hier hat noch nicht angefangen, und du planst schon den nächsten. Aber wir sehen mal.« Er zwinkerte Maja zu, während ihre Mutter sie zum Abschied an sich drückte.

»Wir telefonieren dann. Eine wunderbare Zeit wünschen wir dir und bis in zwei Wochen, mein Schatz.«

»Und fall nicht so oft runter«, meinte ihr Vater noch, als er ins Auto stieg.

Maja winkte ihnen nach, bis der Wagen in der Kurve hinter der Hofeinfahrt verschwunden war. Wäre das toll, wenn ihre Eltern auch noch reiten lernten! Die Chancen auf ein eigenes Pferd würden damit natürlich deutlich steigen.

»Komm, ich zeige dir dein Zimmer.« Britta nahm Majas Tasche und ging mit ihr zum Ponyhaus. Sie kamen am Dressurviereck vorbei, wo ein langhaariges Mädchen ein schwarzes Pony ritt und der Junge von vorhin mit einem großen Apfelschimmel arbeitete.

»Das ist Pia mit Fratz, einem hervorragenden Dressurpony. Tim reitet unseren Lord.«

Maja beobachtete die beiden. Es sah so spielerisch leicht aus, wie Pia und Tim die Bahnfiguren ritten und ohne Schwierigkeiten die Gangarten wechselten.

»Pia ist auch Feriengast, und Tim wohnt auf der Insel. Er war von Anfang an dabei und hilft uns enorm viel. Wenn du etwas wissen möchtest und wir nicht da sein sollten, frag ihn, er kennt sich bestens aus. Außerdem reitet er wie ein junger Gott, und alle Pferde lieben ihn. Ein richtiger Pferdeflüsterer, sage ich immer.«

Bestimmt ist Britta enttäuscht, wenn sie mich gleich reiten sieht, dachte Maja und biss sich auf ihre Unterlippe. Aber eine echte Katastrophe wäre es, wenn Britta sie für absolut untalentiert hielte!

»Da wären wir.« Britta öffnete eine Zimmertür im ersten Stock des kleineren Gebäudes mit der Sonnenblumentür.

»Hier wohnst du mit Sophie. Sie ist elf, glaube ich, und sehr nett. Sophie ist vorhin mit den anderen an den Strand gegangen. Das Meer ist gerade ideal zum Schwimmen, seit drei Wochen scheint fast ununterbrochen die Sonne. Und es gibt zurzeit auch kaum Quallen.«

Maja verzog angewidert das Gesicht. Sie war sowieso keine große Wasserratte, und wenn glibberige Quallen und vielleicht auch noch anderes Getier im Meer waren, würde sie sich das mit dem Schwimmen sehr gut überlegen.

Britta legte ein großes Badelaken und zwei Handtücher über die Handtuchhalter am Waschbecken und goss die Blumen auf dem Fensterbrett.

»Neben eurem ist Tims Zimmer – wenn er mal hier schlafen darf. Seine Mutter erlaubt es derzeit aber nicht oft. Und gegenüber vom Ponystübchen, an dem wir unten gerade vorbeigekommen sind, wohnen Pauline und Pia.«

Sie ging wieder zur Tür, und Maja überlegte, Britta zu fragen, ob schon jemand das weiße Pony ritt. Und falls es noch nicht vergeben war, ob sie vielleicht …

»So, und jetzt lasse ich dich auspacken. Wir sehen uns spätestens um Viertel vor fünf im Stall.« Sie lächelte Maja zu und stieg dann mit schnellen Schritten die Treppe hinunter.

Kapitel 6

Jetzt war Britta weg, und Maja ärgerte sich, dass sie nicht gefragt hatte. Aber spätestens um fünf wusste sie ja, ob sie diesen Niko bekam. Das wäre so toll!

Sie sah sich im Zimmer um. Es gab hellblaue Nachttische, weiße Kleiderschränke, und die Bettwäsche war blau-weiß gestreift. Bunte Flickenteppiche lagen auf dem Holzboden, und an den Wänden hingen Poster mit witzigen Ponyzeichnungen. Auf dem anderen Bett lag ein Plüschfohlen.

Schade, dass ich Paul nicht doch mitgenommen habe, dachte Maja. Sie hatte ihren Knuddelhund zwar schon eingepackt, aber dann beschlossen, dass er besser in Berlin bleiben sollte. Man wusste ja nie … Jetzt bereute sie, dass er nicht dabei war.

Vom Fenster aus konnte Maja über den ganzen Hof bis zum Meer sehen. Es war genau wie in dem Ponybuch, das sie gerade las und das auch am Meer spielte. Eigentlich war es noch viel schöner, weil auf dem Dünenhof alles Wirklichkeit war. Aber konnte das sein? Vielleicht gab es doch irgendwo einen Haken? Vielleicht kam sie mit den Pferden nicht klar, fiel sofort runter, oder Sophie war eine blöde Zimtzicke, mit der sie sich ständig stritt und zwei lange Wochen das Zimmer teilen musste.

Seufzend ließ Maja sich auf das unbenutzte Bett fallen und schrieb eine SMS an Lin: »Hi, Lin! Gerade angekommen. Genial hier – hoffentlich. Maja.«

Dann zog sie ihre Reithose an, legte T-Shirts und Pullover in den Schrank und stellte die Stiefel hinter die Tür. Die Bücher verstaute Maja im Nachttisch, Pferdelexikon und Handy griffbereit darauf. Bis Viertel vor fünf hatte Maja noch eine halbe Stunde Zeit, und sie wollte sich draußen auf dem Hof ein wenig umsehen. Mit Kappe, Stiefeln und dem Beutel Putzzeug unterm Arm ging sie die Treppe hinunter. Unten hängte Maja das Putzzeug an den Haken mit ihrem Namen. Britta hatte ihn ihr beim Hinaufgehen gezeigt, und Maja fand es toll, dass sie schon einen eigenen Platz für ihre Sachen besaß. Man gehörte hier von Anfang an dazu.

»Moin! Ich bin Jan. Gutsherr, Gutsknecht und Küchenfee auf dem Dünenhof. Du bist Maja, stimmt's?«

Erschrocken fuhr Maja herum. Hinter ihr stand ein Mann auf einer Leiter und reparierte im Ponystübchen die Deckenlampe. Er trug eine Küchenschürze und eine rote Schirmmütze mit dem Schriftzug »Reitergut Dünenhof«.

»Haben Sie mich erschreckt«, sagte sie.

»'tschuldige, das war natürlich nicht meine Absicht.« Jan lachte, stieg von der Leiter und gab Maja die Hand. Sie fand ihn sofort genauso sympathisch wie Britta.

»Du kannst natürlich auch Du zu mir sagen. Und Britta hat dir bestimmt schon erklärt, wie es hier läuft. Hat sie dir auch das Wichtigste gesagt?«

»Dass wir Stalldienst und Frühstücksdienst haben?«

»Das ist zwar nicht unwichtig, aber bei Weitem nicht das Allerwichtigste. Das ist nämlich die Tatsache, dass ich hier koche! Und wenn du ein gutes Rezept für mich hast, nur her damit. Täglich eure verwöhnten Geschmäcker zu treffen ist harte Arbeit.« Jan grinste, stieg wieder auf die Leiter und drehte eine Glühbirne in die Lampenfassung. »Gegessen wird übrigens in der Gutsküche, und Tischdecken ist ebenfalls eine von euren Aufgaben«, fuhr er fort. »Das werden wir aber mit den anderen Sachen – Ponyhaus fegen, Stalldienst, Flur in Ordnung halten – noch einteilen. Betten muss übrigens auch jeder selbst machen.«

Maja grinste. »Das habe ich mir schon gedacht. Und von mir aus kann es jeden Tag Spaghetti geben, aber immer mit verschiedenen Soßen. Ich könnte die auch mal kochen, wenn du willst. Und Schokoladenpudding kann ich ziemlich gut machen. Der schmeckt sogar meinem Vater, und der mag sonst keinen Nachtisch.«

Jan zog erstaunt eine Augenbraue hoch. »Zu so einem grandiosen Angebot kann ich natürlich nicht Nein sagen. Ach, und bevor ich es vergesse: Punkt sieben Uhr gibt es Abendbrot. Dann wird die Glocke da vorn am Geländer geläutet. Die kann man nicht überhören.«

»Hoffentlich nicht. Ich habe nämlich jetzt schon Hunger.«

Die Haustür ging auf, und Pia kam herein.

»Hallo«, sagte Maja.

Pia antwortete nicht. Mit hochnäsigem Gesichtsausdruck ging sie an ihr vorbei, hängte die Jacke ans Brett und verschwand in ihrem Zimmer.

Verdutzt sah Maja ihr nach.

»Denk dir nichts«, meinte Jan aufmunternd. »Das ist typisch. Seit gestern hat sie mit keinem von uns ein Wort gesprochen. Noch nicht einmal mit Britta, die normalerweise sofort zu jedem einen Draht hat.« Er war mit der Lampe fertig, stieg von der Leiter und wischte sich die Hände an der Schürze ab.

Dann ging er zur Tür und knipste den Lichtschalter an. »Gut, das hätten wir auch wieder«, sagte er zufrieden und packte seine Schraubenzieher zusammen. »Ich glaube, Pia ist es nicht gewohnt, in Doppelzimmern zu schlafen und sich auf andere einzustellen. Genau wie ihr Pony, das frisst nur sein mitgebrachtes Spezialfutter und sieht die anderen Pferde nicht mal mit der Hinterbacke an.« Jan runzelte die Stirn. Dann hellte sich sein Gesicht wieder auf. »Aber wenn ihr alle meine Kochkünste mit entsprechendem Appetit würdigt und du diesen wahnsinnigen Schokopudding mal machst, bin ich zufrieden. Mehr braucht es nicht, damit die Küchenfee glücklich ist«, säuselte er mit übertrieben hoher Stimme und tänzelte in den Flur.

Maja lachte. Vor dem Ponystübchen zog Jan seine Stiefel an, und sie gingen gemeinsam hinaus.

»Bis nachher«, sagte Jan und schlug Maja kameradschaftlich auf die Schulter. »Und lass dir von Pia nicht die Laune verderben. Die kocht auch nur mit Wasser.« Er nickte kurz und ging dann Richtung Scheune davon.

Kapitel 7

Bedrückt bummelte Maja zum Stall hinüber. Jan hatte gut reden! Hochnäsige Zicken wie Pia mochte sie nicht und hatte sogar ein bisschen Angst vor ihnen. In ihrer Parallelklasse war auch so eine. Die konnte ihr schon die Laune verderben, wenn sie sie nur auf dem Schulhof sah. Bloß gut, dass sie mit dieser Pia nicht in einem Zimmer war. Sie würde ihr auf dem Dünenhof eben, so gut es ging, aus dem Weg gehen.

Im Hof war inzwischen einiges los. Pferde wurden auf dem großen Platz vor den Stallungen gestriegelt, und ein paar Mädchen liefen mit Halftern Richtung Koppel. Als eines von ihnen Maja sah, bog es ab und kam direkt auf sie zu.

»Kommst du mit die Ponys holen? Blöde Frage, natürlich kommst du mit!«, lachte sie, drückte Maja ein Halfter in die Hand und zog sie einfach mit sich.

»Ich bin Pauline. Und du bist Maja, oder?«

Maja nickte. Sie war noch immer ein wenig von Paulines direkter Art überrumpelt.

»Hab ich mir gedacht, als du vorhin mit deinem Gepäck ausgestiegen bist. Und das sind Isabel und Dörte, die zum

30

Reiten kommen, aber nicht auf dem Dünenhof wohnen dürfen. Es war nämlich kein Platz mehr, Pech für euch«, neckte Pauline die beiden Mädchen.

»Wirklich schade. Aber dafür kommen wir in den Herbstferien für eine Woche hierher und machen den Reiterpass«, sagte Isabel. »Unsere Eltern haben uns schon angemeldet.«

»Was ist eigentlich der Reiterpass?«, wollte Maja wissen.

»Das ist so eine Art Pferdeführerschein und nach dem Basispass Pferdekunde eine der ersten Prüfungen, die man so machen kann«, erklärte Dörte. »Es gibt ja noch die Reitabzeichen in Bronze, Silber und Gold. Beim Reiterpass werden dir Fragen zu Fütterung, Haltung, zum Satteln und so weiter gestellt. Und du musst eine Lektion mit bestimmten Hufschlagfiguren und alle Grundgangarten vorreiten. Und dann noch springen. Manche Reitställe wollen vorher einen Reiterpass sehen, bevor man sich dort ein Pferd zum Ausreiten leihen kann.«

Maja fragte sich, ob sie jemals so gut reiten würde, dass sie die Prüfungen für diesen Reiterpass oder ein Reitabzeichen bestehen könnte.

»Und wisst ihr eigentlich, was das für eine Überraschung am Ende der Ferien hier sein soll?«, fragte Maja weiter.

»Nö, keine Ahnung. Ich habe Britta auch schon danach gefragt, aber sie rückt nicht raus mit der Sprache. Vielleicht kommt ja noch ein neues Pony oder so.« Pauline kaute an einem Kaugummi und kickte einen Stein weg, der vor ihr auf dem Feldweg lag.

»Aber davon hätten wir doch gar nichts mehr«, sagte Maja nachdenklich.

»Deshalb glaube ich es auch nicht. Aber ich habe echt keine Ahnung, was es sein könnte.«

Sie waren bei den Koppeln angekommen, und Pauline öffnete das Gatter. Die Pferde grasten am hinteren Ende der Weide.

»Hat Britta dir schon gesagt, welches Pony du kriegst?«, fragte Pauline und sah Maja neugierig an.

Maja schüttelte den Kopf.

»Aber es ist doch sowieso nur noch Niko frei, oder? Du hast Charly, Sophie reitet Svala, Cremello hat meistens Isabel, und Boy ist für mich«, meinte Dörte.

»Du hast recht.« Pauline kramte ein Stückchen Zucker aus ihrer Reithose.

»Ist Niko der Schimmel, der vorhin vor dem Stall stand?«, fragte Maja schnell.

Isabel überlegte einen Moment. »Genau. Der, den Tim heute Nachmittag geputzt hat, als ihr gerade angekommen seid. Ein wahnsinnig liebes Pony.«

Majas Herz machte einen Hüpfer. Das war ja fast zu schön, um wahr zu sein!

»Dann nimmst du jetzt mal die Nelly.« Pauline zeigte auf ein hellbraunes Pony, das in der entferntesten Ecke der Weide stand.

Maja schluckte. Du meine Güte, das fing ja gut an! Den Ponys mussten erst mal Halfter umgelegt werden, und meistens hauten Pferde schon vor ihr ab, wenn sie nur in deren Nähe kam. So war es zumindest bisher gewesen, und es war ihr immer hochpeinlich.

Maja biss sich auf die Unterlippe und nahm allen Mut zusammen. Mit einem Leckerli in der Hand ging sie langsam auf Nelly zu. Das Pony sah neugierig zu ihr hinüber und blieb zu Majas großem Erstaunen stehen. Es schnupperte an ihr, knabberte dann das Leckerli und ließ sich ohne Zicken aufhalftern. Schnell hakte Maja den Strick ein und führte Nelly erleichtert hinter den anderen von der Koppel. Das war ja ganz einfach gewesen!

Kapitel 8

Am Stall trafen sie Britta. »Nellys Box ist die zweite neben dem Eingang. Sie muss heute aber nicht mehr mitgehen. Maja, du nimmst Niko. Mal sehen, ob ihr zusammenpasst.«

Maja strahlte über das ganze Gesicht. Sie durfte tatsächlich ihr Traumpony reiten! Schnell brachte sie Nelly in ihre Box und kehrte dann zu Britta zurück.

»Wir satteln heute zusammen. Dann kann ich dir auch gleich zeigen, wo alles ist.«

Sie gingen die lange Stallgasse hinunter, in deren Mitte ein kleiner Raum mit Säcken, Eimern und zwei Schubkarren war. Die Sattelkammer lag direkt daneben. Britta holte Nikos Sattelzeug von einem der vielen Böcke an der Wand. Das Putzzeug nahmen sie aus dem wuchtigen Metallschrank, der zwischen Sattel- und Futterkammer in der Stallgasse stand.

»Jedes Pferd hat eine eigene Kiste mit allem, was man braucht: Striegel, Bürsten, Kardätschen, Hufkratzer, Kämme, Shampoo, Bandagen, Leckerli und Salben. Bitte immer alles zurücklegen, auch wenn du dir etwas von einem anderen Pferd ausborgst«, erklärte Britta auf dem Weg zu Nikos Box.

»Wie viele Pferde sind eigentlich auf dem Dünenhof?«

»Zurzeit insgesamt elf. Davon gehören aber nur sechs Ponys – Nelly, Svala, Charly, Boy, Niko und Cremello – uns. Und die zwei Großen, Lord und Donna. Die anderen sind Privatpferde von Inselbewohnern. Und Fratz gehört Pia.« Britta zeigte auf ein Pony, das mit dem Maul gerade an dem Schloss seiner Boxentür spielte.

Dann standen sie vor Nikos Box. Britta öffnete die Tür, und Niko streckte ihr seinen Kopf entgegen.

»Hallo, mein Junge, darf ich dir Maja vorstellen? Maja reitet dich in den nächsten zwei Wochen, und ihr kommt bestimmt prima miteinander klar.«

Fast ehrfürchtig streichelte Maja über Nikos Kopf und gab ihm eine Möhre. Sie fand Niko wunderschön und hatte auch sofort Vertrauen zu ihm.

»Auf ihm bin ich schon als Jugendliche geritten. Er ist ein Connemara-Pony, zwanzig Jahre alt, aber immer noch putzmunter, zuverlässig, ehrlich und … schnell. Vor allem im Gelände.« Sie grinste und kraulte Niko unter der Mähne, während er an ihrer Jacke schnupperte. »Und er liebt es, zu springen. Bist du schon einmal gesprungen?«

Maja schüttelte den Kopf. Davor hatte sie richtig Angst. Sie konnte sich auch gar nicht vorstellen, wie man ein Pferd dazu brachte, über Hindernisse zu springen.

»Dann wird Niko es dir beibringen. Er ist unser bester Lehrmeister und hat schon viele Reiter sicher über die ersten Hürden ihres Lebens getragen. Leg ihm das Halfter an und führ ihn hinaus. Wir putzen, satteln und trensen immer draußen oder in der Stallgasse, nie in der Box. Die ist wie das Zimmer der Pferde, und da sollen sie ihre Ruhe haben. Das wollt ihr ja auch: einfach mal die Tür hinter euch zumachen und ungestört sein.«

Maja nahm das blaue Halfter von der Boxentür, prüfte, ob es verdreht war, und streifte es Niko über. Er ließ es gelassen geschehen und kaute an einer neuen Möhre, die Maja ihm gegeben hatte. Dann führte sie ihn aus der Box, und Niko trottete brav hinter ihr die Stallgasse entlang.

»Dort kannst du ihn anbinden.« Britta zeigte auf den Platz vor dem Stall, wo Pia ihr Pony gerade bandagierte. Das Mädchen sah nicht einmal auf, als Maja Niko neben sie führte.

»Kannst du einen Pferdeknoten?«, wollte Britta wissen.

Maja nickte und knüpfte den, den sie im Berliner Reitstall gelernt hatte.

»Der ist gut. Ich zeige dir trotzdem noch unseren. Einen Knoten mehr zu kennen kann nie schaden.«

Konzentriert sah Maja zu, wie Britta Niko festmachte. Sie wusste, dass man ein Pferd immer korrekt anbinden sollte, damit man den Strick schnell lösen konnte, wenn es sich erschrak oder sogar in Panik geriet. Thomas, ihr Reitlehrer in Berlin, hatte mal gesagt, dass Pferde in solchen Situationen riesige Kräfte entwickeln und sogar schon Stalltüren aus den Angeln gehoben und Menschen damit schwer verletzt haben.

Pia hatte sich auf Fratz geschwungen und ritt vom Hof.

»He, Pia, bitte immer Bescheid sagen, wohin du reitest und wann du zurückkommst«, rief Britta ihr nach.

»Zum Strand. Bin zum Abendessen wieder da.« Pia hatte sich nicht einmal im Sattel herumgedreht, und Britta sah ihr leicht verärgert hinterher.

36

»Ich sehe es nicht gern, wenn jemand allein ausreitet«, sagte sie dann. »Pia ist zwar eine sehr gute Reiterin, aber gerade in unbekanntem Gelände weiß man nie, wie Pferde reagieren, und das Gelände hier ist für Fratz genauso neu wie für Pia. Sie meint natürlich, Fratz in- und auswendig zu kennen, und sieht nicht ein, warum sie hier nicht allein ausreiten sollte. Wo sie es doch sonst auch immer macht.«

»Weil sie voll gestört ist.« Pauline war zu ihnen gekommen und zeigte einen Vogel Richtung Pia. »Und ich bin auch noch mit der auf einem Zimmer. Das ist echt nicht lustig«, stöhnte sie.

Britta seufzte. »Es gibt leider kein freies Zimmer mehr, und außerdem fände ich es nicht gut, wenn Pia sich noch mehr absondern würde. Es wäre schön, wenn ihr trotzdem nett zu ihr sein könntet.«

»Schon klar. Aber wenn sie weiter so bescheuert ist, nicht mehr lange. Ein Glück, dass die meisten anderen hier normal ticken.« Pauline grinste.

Maja fühlte sich plötzlich etwas mulmig. Wenn es tatsächlich einen Haken auf dem Dünenhof gab, dann war es diese Pia. Sie musste versuchen, ihr so gut wie möglich aus dem Weg zu gehen.

Kapitel 9

»Wenn du Charly fertig hast, hilf bitte Maja. Wir sehen uns in spätestens zehn Minuten.« Eilig ging Britta Richtung Reithalle davon.

»Im Ernst«, sagte Pauline, als Britta weit genug entfernt war, dass sie sie nicht mehr hören konnte, »Jan, Britta, du und Sophie, ihr seid total okay. Aber Pia ist einfach ätzend, und aus Tim werde ich auch nicht schlau. Er ist zwar nicht direkt arrogant, aber er tut auch so, als wären wir Luft und gar nicht da.«

Maja zuckte mit den Schultern. »Keine Ahnung, ich habe überhaupt noch nicht mit ihm gesprochen.«

»Problem erkannt. Man kann nicht mit ihm reden, und wenn sich doch mal eine Gelegenheit ergibt, dann sagt er nur ein Wort, allerhöchstens mal zwei. Ich habe ihn heute Morgen gefragt, ob er etwas über diese Überraschung weiß, aber er hat nur ›weiß nicht‹ gebrummelt und es noch nicht einmal für nötig gehalten, mich dabei anzusehen. Aber reiten kann er voll krass, auch die Großpferde. Das muss der Neid ihm lassen. Sattelst du Niko?«

Maja nagte wieder an ihrer Unterlippe. Sie hatte bisher nur zweimal allein gesattelt. Die Ponys in Berlin standen

immer schon fertig in der Bahn, wenn sie zur Stunde kam. Hoffentlich war Pauline nicht doch eine von diesen fürchterlichen Besserwisserinnen, die einem bei jeder Gelegenheit zeigten, wie perfekt sie alles konnten. Aber da musste sie jetzt durch.

Maja gab sich einen Ruck und griff nach Nikos Sattel. So sanft wie möglich legte sie ihn auf den Ponyrücken und schob ihn in die korrekte Lage. Den Gurt ließ sie vorsichtig herunter, damit die Schnallen nicht gegen Nikos Beine schlagen konnten. Dann legte sie ihre Hand vorn auf die höchste Stelle des Ponyrückens und maß ab. Der Sattel musste eine Handbreit hinter dem Widerrist liegen, hatte sie in ihrem Lexikon gelesen. Er lag also korrekt.

»Du machst das ja wie im Lehrbuch«, staunte Pauline. »Reitest du schon lange?«

»Nö. Unterricht habe ich erst seit drei Monaten. Und du?« Maja zog sanft den Sattelgurt an, aber sie schaffte es nur gerade bis zum ersten Loch. Sie wusste, dass Niko den Bauch aufgeblasen hatte, aber bis zur Halle würde er den Gurt vergessen haben, und man konnte bestimmt noch drei Löcher nachziehen.

»Ich reite seit vier Jahren. Ich bin aber auch schon zwölf und jetzt das dritte Mal auf einem Reiterhof. Zuletzt war ich auf einem mit dreißig Kindern. Die Reitlehrer kannten nach zwei Wochen immer noch nicht unsere Namen, und es war das totale Chaos. Dagegen ist der Dünenhof megasuper.«

Maja hatte inzwischen das Halfter von Nikos Kopf genommen und es um seinen Hals geschnallt. Als sie die Zügel über den Kopf legte, pochte ihr Herz wieder bis zum

Hals. Würde Niko den Kopf hochreißen, damit sie nicht mehr an sein Maul kam? Dann hätte sie Pauline bitten müssen, ihr zu helfen. Und wenn er die Zähne fest zusammenbiss? Von dem Trick, mit den Fingern einfach auf die zahnfreie Fläche zu drücken, hatte sie zwar gelesen, aber sie hatte zu viel Angst, es zu tun. Es könnte ja sein, dass ein Pferd aus lauter Ärger über den Finger im Maul einfach mal zubiss.

Aber das Wunder passierte: Niko nahm das Gebiss freiwillig! Ganz verdattert darüber, wie einfach es war, zog Maja die Trense in das Genick und passte auf, dass sie dabei nicht mit den Lederriemen über seine Augen scheuerte oder die empfindlichen Ohren zu sehr knickte. Dann zupfte sie den Schopf über den Stirnriemen und schloss alle Schnallen.

»Du machst das echt gut«, meinte Pauline anerkennend. Sie holte den braun-weiß gescheckten Charly, und zusammen gingen sie zur Reithalle hinüber.

Maja streichelte über Nikos Mähne. »Ich bin wahnsinnig aufgeregt«, flüsterte sie ihm zu. »Sei bitte lieb und mach keine Faxen. Ich kann nämlich noch nicht so viel und möchte heute nicht runterfallen. Am liebsten in den ganzen zwei Wochen nicht.«

Niko spitzte die Ohren, und Maja klopfte seinen Hals.

Kapitel 10

»Tür frei, bitte«, rief Pauline am Eingang zur Halle. Sie war neu, größer und heller als die von Majas Berliner Reitschule. Durch die großen Fenster an den Seiten fiel das Sonnenlicht herein, und es gab sogar eine kleine Zuschauertribüne.

»Ist frei«, tönte es zurück, und die beiden betraten nacheinander die Bahn. Cremello, Svala und Boy warteten schon mit ihren Reiterinnen in der Mitte. Tim saß als Erster der Reihe auf der großen Donna, die nervös tänzelte und aussah, als würde sie am liebsten gleich losstürmen.

Maja führte Niko neben sie, gurtete nach und zog die Bügel herunter. Dann kam Britta und kontrollierte alles noch einmal. Sie lächelte aufmunternd, als Maja aufsaß.

»Bitte im Schritt anreiten, rechte Hand«, rief Britta laut, und Maja drückte ihre Schenkel leicht in Nikos Flanken. Sofort ging er in raumgreifendem Schritt Richtung Hufschlag. Majas Herz schlug Purzelbäume.

»Sitzt ganz locker und entspannt und fühlt, wie die Ponys sich unter euch bewegen. Die Zügel könnt ihr allmählich aufnehmen. Die Fäuste stehen eine Handbreit über dem Widerrist. Pauline, deine Hände sind zu sehr nach innen gedreht. Isabel, nicht die Handgelenke einknicken. Ja, so ist es richtig. Maja, du weißt, was der Widerrist ist?«

»Na klar, der Buckel hier vor dem Sattel«, rief Maja eifrig. Bei Körperteilen von Pferden kannte sie sich aus. Und sie war stolz, dass Britta ihre Handstellung nicht verbessert hatte.

»Genau. Aber nimm deine Schultern zurück und richte dich auf. Du brauchst mehr Spannung im Oberkörper.«

Sofort setzte Maja sich ganz gerade hin.

»Jetzt machst du ein Hohlkreuz. Sitz locker, nimm den Kopf hoch und sieh nach vorn. Genau so. Prima. Und jetzt drückst du deinen Po schwer in den Sattel und die Fersen nach unten. Ja, das sieht jetzt schon viel besser aus.«

Konzentriert folgte Maja allen Anweisungen. Sie hatte sich schnell an Nikos weichen Schritt gewöhnt. Auf ihm zu sitzen war noch viel schöner, als sie es sich vorgestellt hatte.

»Pauline, nicht so sehr im Sattel herumrutschen. Mach nicht zu viel. Lass dich einfach von Charlys Bewegungen tragen. Sophie, halt die Hände ruhiger. Und den Absatz wirklich tief halten, Maja. Nicht wieder hochziehen. Stell dir vor, an der Stelle ist ein Loch, und du musst es zutreten, damit da nichts rausläuft.« Maja drückte sofort wieder ihre Ferse nach unten.

»Na also«, lächelte Britta zufrieden. »Da kann jetzt nichts mehr durch.«

Sie ließ die Abteilung noch einige Runden auf verschiedenen Hufschlagfiguren gehen.

Majas Aufregung legte sich immer mehr, und sie genoss jeden Schritt von Niko, der ab und zu fröhlich schnaubte und seinen Kopf schüttelte.

»Dann traben wir jetzt. Können alle schon leichttraben?«

Die Mädchen nickten.

»Sehr gut. Dann bitte die ganze Abteilung im Arbeitstempo Teerrrab.«

Sobald Niko das Kommando hörte, machte er auch schon die ersten Trabschritte. Der Übergang vom Schritt in die schnellere Gangart war so sanft, dass Maja sich wunderte, wie sicher sie sich immer noch fühlte.

»Maja und Isabel, bitte umsitzen, falscher Fuß. Tim, lass Donna ruhig fleißiger gehen, sonst heizt sie sich komplett auf. Wenn der Abstand zu groß wird, reitest du eine Volte. Dann können die Ponys wieder aufschließen. Pauline, mehr treiben. Charly schlurft ja nur so vor sich hin, und wenn du ihn nicht weckst, dann schläft er gleich ein. Und Maja, nimm die Zügel noch etwas mehr auf. Nicht zu viel. Ja, genau so. Immer schön den Kontakt zum Pferdemaul halten. Aber nicht wieder nach vorn fallen! Denk an die Spannung im Oberkörper! Und für alle: Das Aufstehen in den Bügeln nur andeuten. Maja, Achtung – es läuft jetzt wieder das Wasser aus dem Loch unter deiner Ferse.«

Maja versuchte, ihre Absätze wieder nach unten zu drücken, aber das war gar nicht so leicht, weil sie gerade mit der Haltung ihres Oberkörpers beschäftigt war. Im Trab korrekt zu sitzen war ganz schön schwierig.

»Durch die halbe Bahn wechseln und auf der Mitte der langen Seite einmal aussitzen, damit ihr auch in der anderen Richtung wieder auf dem richtigen Fuß trabt«, rief Britta.

Maja freute sich, dass sie auch ohne die Erinnerung an das Umsitzen gedacht hatte. Als sie am großen Hallenspiegel vorbeiritt, warf sie einen schnellen Blick hinein und stellte erschrocken fest, dass die Schultern und auch ihr Oberkörper schon wieder viel zu weit vorn waren. Sofort korrigierte sie ihre Haltung. So toll wie bei Tim auf der großen Donna, der lässig und entspannt voranritt, sah es bei ihr nicht aus. Aber Tim ritt ja bestimmt auch schon viel länger als sie.

»Maja, nicht träumen! Du reitest viel zu dicht auf Charly auf! Charly ist da zwar nicht so pingelig, aber ihr solltet immer eine Pferdelänge Abstand halten. Schließlich mögt ihr es ja auch nicht, wenn euch jemand zu sehr auf die Pelle rückt, oder?«

Maja wurde rot und nahm die Zügel mehr auf. Sofort verkürzte Niko seinen Schritt, und der Abstand zu Charly vergrößerte sich.

»Abteilung Scheerritt. Pferde kurz loben, und alle wieder richtig in den Sattel setzen, Zügel, Beine und was man sonst noch so hat, ordnen. Absätze tief, Löcher zutreten und immer geradeaus schauen.«

Die erste Reitstunde auf dem Dünenhof verging wie im Flug, und als sich am Ende alle in der Mitte der Bahn aufstellten, war Maja überglücklich, wie gut es gelaufen war. Sogar das Angaloppieren hatte auf Anhieb geklappt, obwohl sie sich davor am meisten gefürchtet hatte. In Berlin gelang ihr das nämlich nicht immer sofort, und sie hatte auch oft ein bisschen Angst, dass es zu schnell wurde. Aber Niko hatte gleich auf ihre Hilfe reagiert, war willig und ruhig Runde um Runde galoppiert. Sogar an den anderen Ponys vorbei, was Maja in Berlin noch nie geglückt war. Da wollten die Schulponys immer nur das kurze Stück bis zum Ende der Abteilung laufen und fielen automatisch wieder in Trab, wenn sie es erreicht hatten. Niko aber konnte sie ohne Schwierigkeiten an den anderen Pferden vorbeireiten. Ohne Unterbrechung galoppierte er eine weitere Runde. Britta hatte sie danach sogar richtig gelobt.

Strahlend sprang Maja aus dem Sattel. »Du bist wirklich große Klasse«, sagte sie leise zu Niko, der sie mit seinem schaumverschmierten Maul an die Schulter stupste und munter auf der Trense kaute. »Was habe ich für ein Riesenglück, dass ich dich jetzt die ganze Zeit reiten darf.«

Kapitel 11

Mit Sophie verstand Maja sich auf Anhieb, und nach kurzer Zeit fühlte sie sich auf dem Dünenhof wie zu Hause. Jan und Britta waren sehr nett und immer für die Ferienkinder da, wenn sie etwas brauchten oder Fragen hatten. Gemeinsam mit Pauline und Sophie fuhr Maja manchmal mit den Fahrrädern in das kleine Inseldorf, um Süßigkeiten, Eis oder Postkarten zu kaufen, oder sie gingen an den Strand zum Schwimmen. Es gab zu dieser Jahreszeit tatsächlich kaum Quallen, und nachdem Maja Strand und Wasser daraufhin untersucht hatte, schwamm auch sie ab und zu. Wenn sie Troll mitnahmen, war er immer der Erste, der ins Meer sprang, und der Letzte, der herauskam.

Abends besuchte Pauline Maja und Sophie auf deren Zimmer. Sie aßen Kekse, kicherten und erzählten so lange, bis Britta vorbeikam, ihnen eine Gute Nacht wünschte und Pauline wieder nach unten schickte.

Nach und nach lernte Maja alle Pferde und Ponys kennen. Donna, Brittas elegante Fuchsstute, fand sie am schönsten, aber vor ihr hatte sie auch den größten Respekt. Sie war ein sehr temperamentvolles und nervöses Pferd, und wenn Britta sie abends ritt, sah Maja gern zu.

Es beeindruckte sie, wie Britta mit diesem schwierigen Pferd umging und sich durch die schreckhaften Hüpfer der Stute nicht aus der Ruhe bringen ließ.

Jan gehörte der riesige Apfelschimmel Lord. Da Jan im Sommer nur selten zum Reiten kam, bewegte Tim ihn fast täglich.

Wenn Maja im Stall etwas suchte oder bei einem Pony Unterstützung brauchte und Tim fragte, half er ihr immer. Er sprach zwar tatsächlich nie viel, aber Maja fand ihn trotzdem nett und bewunderte heimlich seine sichere Art im Umgang mit den Pferden. Bei ihm saß jeder Handgriff, und er führte ihn in aller Ruhe aus. Angst vor Pferden schien Tim nicht zu kennen. Maja dagegen war immer noch nervös, wenn sie Niko sattelte, trenste oder ein Pony von der Weide holte.

Alles in allem hätten die Ferien auf dem Dünenhof wunderschön sein können – wenn Pia nicht gewesen wäre. Sie sprach mit niemandem und wenn doch, dann war sie so arrogant und hämisch, dass alle ihr von vornherein aus dem Weg gingen. Meistens ritt sie nur in der Vormittagsstunde in der Abteilung mit. Nachmittags war sie mit Fratz am Strand unterwegs oder trainierte auf dem Viereck Dressur.

Maja war froh darüber, dass Pia nur einmal täglich am Unterricht teilnahm. Die Stunden ohne sie waren viel entspannter, weil niemand Pias giftige Kommentare fürchten musste.

Kapitel 12

»Wir haben Hunger, Hunger, Hunger!« Die Glocke hatte geläutet, und Pauline und Maja stürmten lachend ins Gutshaus. In der Diele zogen sie ihre Stiefel aus. Pauline kniete vor dem Schuhregal und sah suchend hinein.

»Hast du meinen zweiten Sportschuh gesehen? Ich habe gestern Abend beide ins Regal gestellt, und jetzt fehlt einer ...«

»Nö, keine Ahnung«, antwortete Maja und schlüpfte in ihre Filzpantoffeln. Sie dachte an die Reitstunde von vorhin, die bis jetzt die beste von allen gewesen war. Maja vertraute Nikos Bewegungen jetzt schon viel mehr als am Anfang und merkte deutlich, wie sich ihre zunehmende Sicherheit auf das Pony übertrug. Das wurde aber auch Zeit, fand sie, denn Sophie, Pauline, Dörte und Isabel ritten alle gut, und sie war mit Abstand die unerfahrenste Reiterin von allen. Am besten ritt Pia. Kerzengerade und wie festgewachsen saß sie im Sattel, sah immer wie eine perfekte Dressurreiterin aus, und selbst beim Aussitzen im Trab blieben ihre Hände so ruhig, dass man ein Glas Wasser darauf hätte abstellen können. Sie bekam viel Lob von Britta, aber es gab sogar bei ihr immer noch etwas zu korrigieren. Maja beobachtete Pia oft aus den Augenwinkeln und war ein bisschen neidisch auf sie. Ob sie jemals so perfekt reiten würde?

»Niko passt gut zu dir. Ihr bleibt aber in der ersten Woche noch in der Halle oder draußen auf dem Viereck, danach kannst du mit den anderen ausreiten«, hatte Britta nach der ersten Stunde beim Absatteln gesagt.

Darüber, dass sie Niko nun tatsächlich als Pflegepony behalten durfte, hatte Maja sich riesig gefreut. Aber dass sie nicht früher mit ins Gelände durfte, war schlimm. Mittlerweile waren die anderen schon zweimal ausgeritten und hatten begeistert von den schönen Sandwegen in den Dünen und dem tollen Galopp am Strand erzählt. Maja hatte in der Zwischenzeit mit zwei anderen Mädchen eine Stunde bei Jan in der Halle gehabt und war sich dabei wie eine absolute Anfängerin vorgekommen. Jan hatte immer wieder ihren Sitz korrigiert, und sie war oft auf dem falschen Fuß angetrabt. Als Jan sie mit übergeschlagenen Bügeln traben ließ, hatte Maja sogar das Gleichgewicht verloren und wäre fast hinuntergefallen. Auch das Angaloppieren hatte meistens erst beim zweiten Mal funktioniert, und dann hatte sie jedes Mal die Bügel verloren.

Aber nach der heutigen Reitstunde, in der sie mit Niko über Stangen geritten und zum Schluss sogar über ein niedriges Hindernis, ein Cavaletti, getrabt war, fühlte sie sich wieder besser.

»Sicher hat Troll deinen Schuh verschleppt. Der liebt Spielzeug, das gut riecht«, flachste Jan aus der Küche.

49

»Meine Schuhe stinken nicht! Die sind nigelnagelneu, ohne Mief, und sie waren echt teuer. Hoffentlich lässt er noch etwas übrig, sonst ...« Pauline machte eine drohende Bewegung mit dem Stiefelknecht, aber sie lachte im gleichen Moment wieder.

»Frag Britta. Sie kennt alle Verstecke von Troll und hat den Klauen dieses Raubtieres schon manches entrissen, was da nicht hineingehörte. Und jetzt kommt endlich essen. Sonst wird alles kalt.«

»Du hörst dich an wie meine Mutter«, meinte Maja lachend, nahm sich ein Kissen und rutschte auf der Bank zu ihrem Platz durch.

Pauline zog sich schnell Socken an und setzte sich neben Maja. Ihnen gegenüber saß Pia. Wie meistens sah sie abweisend aus dem Fenster.

Was die nur immer hat, dachte Maja. Besitzt ein eigenes Pony, ist hübsch und hat fast täglich eine andere Reithose und auch sonst tolle Klamotten an. Sie könnte doch völlig normal sein. Aber wahrscheinlich ist sie tatsächlich »krass gestört«, wie Pauline immer sagt. Schlimm genug, dass wir das aushalten müssen.

»Riecht lecker. Was gibt es denn?« Seit Maja hier war, hatte sie dauernd Hunger, und Jans Essen schmeckte ihr immer ausgezeichnet.

»Pommes, gebratene Scholle à la Dünenhof und Gurkensalat. Guten Appetit«, sagte Jan und stellte Töpfe und Pfannen auf den Tisch.

Begeistert griffen alle zu. Nur Pia nicht.

»Ich hasse Fisch«, nörgelte sie. »Und die Pommes sind viel zu hell.«

»Dann iss halt nix, blöde Schnepfe, und halt die Klappe«, knurrte Tim leise, aber laut genug, dass alle es hören konnten.

Britta wollte gerade etwas sagen, als die Tür aufging und eine große, streng aussehende Frau hereinkam. Sie sah kurz in die Runde, nickte in Brittas und Jans Richtung und ging dann direkt auf Tim zu. Mit vorwurfsvollem Blick blieb sie vor ihm stehen.

»Du kommst jetzt sofort mit nach Hause. Du hattest versprochen, heute auf Sven aufzupassen, und bist einfach abgehauen. Ausgerechnet heute. Wo vier neue Gäste ankommen. Ich rechne fest mit dir und stehe dann da. Was denkst du dir eigentlich dabei?«

In der Küche war es jetzt still. Tim lief rot an. Wortlos stand er auf und ging hinaus. Seine Mutter folgte ihm schimpfend.

Jan warf Britta einen kurzen Blick zu und folgte den beiden nach draußen. Kurz danach startete ein Wagen und fuhr vom Hof. Ratlos kam Jan in die Küche zurück.

»Tja. Tim hat da wohl ein größeres Problem«, meinte er und kratzte sich am Kopf. »Seine Mutter hat ihm verboten, die nächste Zeit zu uns zu kommen. Sie braucht ihn dringend, weil eine ihrer Aushilfen krank ist und es in der Hochsaison so viel zu tun gibt.«

»Puh«, stöhnte Pauline und verzog das Gesicht. »Die möchte ich aber nicht als Mutter haben. Hat Tim wenigstens einen netten Vater?«

»Sein Vater ist vor drei Jahren gestorben. Frau Begemann führt die Pension jetzt allein, und das ist bestimmt nicht leicht für sie«, meinte Britta.

»Aber sie kann Tim doch trotzdem nicht einfach in seinen Ferien zum Helfen verdonnern. Ich verstehe nicht, dass er sich das gefallen lässt. Er ist doch schon zwölf!«, wunderte sich Maja.

»Wenn man so ein Mamasöhnchen ist wie der …« Verächtlich verzog Pia den Mund und stocherte gelangweilt in ihrem Salat.

Britta sah Pia ärgerlich an. »Du kennst Tim doch überhaupt nicht. Du weißt nicht, wo er wohnt, wer er ist, was er macht. Du hast noch nie mit ihm gesprochen. Es wäre besser, du unterlässt in Zukunft deine ätzenden Bemerkungen.«

Maja erschrak. So sauer und mit einer so harten Stimme hatte sie Britta noch nie erlebt.

»Von dir muss ich mir gar nichts sagen lassen. Ihr könnt mich hier doch alle mal«, zischte Pia wütend und rannte türenknallend aus der Küche.

Maja blickte zu Pauline, Pauline zu Sophie und Sophie schließlich wieder zu Maja. Britta starrte aus dem Fenster, und nur Jan aß langsam weiter.

Pauline war die Erste, die ihrem Ärger Luft machte. Zornig spießte sie ein paar Pommes auf ihre Gabel.

»So eine bescheuerte Zimtzicke. Wie kann man nur so blöd, so krass gestört, so beknackt sein. Könnt ihr die nicht wieder nach Hause schicken?«

»Nein, das können wir nicht«, sagte Britta langsam und schüttelte nachdrücklich den Kopf. »Wir kennen Pia ja auch nicht und haben keine Ahnung, warum sie sich so verhält. Sie wird aber ihre Gründe haben. Lasst euch möglichst nicht von ihr ärgern und versucht, ihre

Bemerkungen zu überhören und nicht darauf einzugehen. Meine Reaktion von eben war auch nicht okay. Ich hätte es ihr viel gelassener sagen sollen. Aber manchmal ist man einfach wütend, und es geht nicht anders. Weiter kommt man damit allerdings nicht.«

»Aber warum sollen wir ihr nicht die Meinung geigen, wenn sie uns so mies behandelt?«, fragte Sophie. »Was soll daran falsch sein?«

»Weil es niemals eine Lösung ist, auf Aggression mit Aggression zu reagieren. Sonst haben wir auf dem Dünenhof bald kein sehr schönes Miteinander mehr. Ich weiß, wie schwierig es für euch ist, aber versucht bitte, die Stimmung nicht noch mehr aufzuheizen.«

»Na gut, dir und Jan zuliebe. Aber alles werden wir uns nicht gefallen lassen, oder?« Pauline sah Maja und Sophie mit blitzenden Augen an, und die beiden nickten.

Kapitel 13

Nach dem Mittagessen gingen Maja und Pauline schwimmen. Sophie wollte Svala bei dem warmen Wetter noch die Mähne und den Schweif waschen und nachkommen.

»Du kannst dir nicht vorstellen, wie sehr mir Pia auf die Nerven geht«, meinte Pauline düster, als sie durch die Dünen spazierten.

»Mir auch. Deshalb versuche ich, ihr möglichst nicht über den Weg zu laufen.« Maja hob einen Ast auf und warf ihn weit weg. Begeistert jagte Troll hinterher.

»Du hast gut reden. Mach das mal, wenn du mit so einer auf dem Zimmer bist. Das ist voll krass. Sie schläft meistens schon, wenn ich von euch runterkomme, und meckert dann, weil ich kurz noch das Licht anmache. Meine Sachen dürfen nirgends rumliegen, sie ist megaordentlich und putzt sogar das Waschbecken. Krass, oder? Nur gut, dass sie so viel reitet und auch noch zwischen den Reitstunden an Fratz rummacht. Da ist sie wenigstens tagsüber nicht oft da.«

Schweigend gingen sie nebeneinanderher und hingen ihren Gedanken nach. Maja beobachtete drei Reiter, die im schnellen Tempo am Wasser entlanggaloppierten.

Hoffentlich rast Niko im Gelände nicht so, dachte sie. Dabei würde sie sicherlich runterfallen, und das wäre ihr – gerade vor Pia – unendlich peinlich. Die würde sie dann wahrscheinlich richtig auslachen und tagelang über sie herziehen ...

Pauline stupste Maja in die Seite. »He, ich bin auch noch da! Wer als Letzte im Wasser ist, muss morgen für mich Frühstücksdienst machen!« Kreischend rannte sie los. Maja flitzte hinterher, aber Pauline war schon in den Wellen verschwunden und johlte vor Vergnügen.

Abends grillten sie mit Jan und Britta am Strand. Dörte, Isabel und die beiden anderen Mädchen, die auf dem Dünenhof seit ein paar Tagen Reitstunden nahmen, waren auch mitgekommen. Jan hatte seine Gitarre dabei, und bis tief in die Nacht sangen sie Pferde- und Wanderlieder. Maja musste immer mal wieder an Tim denken. Was der jetzt wohl machte? So, wie es aussah, würde er morgen bestimmt nicht kommen und mit ihr gemeinsam den Stalldienst machen. Auch wenn Pauline Tim blöd fand – Maja mochte ihn gern.

Kapitel 14

Das laute Kreischen der Möwen weckte Maja am nächsten Tag. Sie sah auf ihr Handy. Erst Viertel vor fünf, obwohl sie gestern so spät ins Bett gegangen waren. Sophie schlief noch tief und fest. Ein paar Pferde wieherten, und es war schon hell. Sollte sie wirklich so früh aufstehen? Es wäre natürlich genial, als Erste im Stall zu sein und Niko beim Aufwachen zuzusehen … Maja schwang sich aus dem Bett, schlich zu ihrem Kleiderhaufen und schlüpfte in Jeans, T-Shirt und Pullover. Leise stieg sie die knarrende Treppe hinunter, nahm ihre Jacke vom Haken und öffnete geräuschlos die Haustür.

Draußen war es noch sehr kühl, und Maja zog ihre Jacke an. Die frische Luft roch nach Meer, Pferd und Misthaufen. Ein paar Hühner schliefen auf dem Zaun und gackerten verstört, als Maja vorbeilief.

Das Stalltor war noch verschlossen. Leise schob Maja den großen Riegel zur Seite und zog das Tor auf. Würziger Pferdegeruch kam ihr entgegen, als sie die Stallgasse betrat, und Maja konnte wieder mal nicht verstehen, warum viele Leute fanden, Pferde würden stinken. Für sie war das der reinste Duft.

Leise ging Maja zu Nikos Box und flüsterte seinen Namen, als sie vor seiner Tür stand. Sie wollte ihn nicht erschrecken. Niko lag tatsächlich im Stroh und hob nur kurz den Kopf, als er Maja bemerkte. Dann döste er weiter.

Maja war von seinem Anblick hingerissen. Wenn sie sich von allen Ponys, die sie kannte, eines aussuchen dürfte – es wäre Niko. Britta würde ihn natürlich niemals abgeben. Aber mal angenommen, ihre Eltern würden mit dem Reiten anfangen und fänden es so toll wie sie, dann wäre es gar nicht mehr so unmöglich, dass sie ein eigenes Pony bekäme. Und wenn Niko vielleicht mal zu alt für den Reitschulbetrieb wäre … Ob Britta ihn dann hergab? Das wäre alles viel zu schön, um wahr zu sein.

Es war erst Viertel nach fünf, und bis zum Füttern war noch eine Menge Zeit. Maja beschloss, bis dahin mit Troll ans Meer zu gehen. Heute Morgen sollte Ebbe sein, und sie hatte das Meer noch nie am frühen Morgen so weit hinten gesehen. Der Strand würde bestimmt gigantisch groß sein.

Als sie an Fratz' Box vorbeikam, stutzte sie. Die Boxentür war offen, und das Pony stand nicht drin! Das hatte sie vorhin gar nicht bemerkt. War Pia so früh schon unterwegs? Aber das Stalltor war doch noch verschlossen gewesen. Oder hatte sie ihn über Nacht auf der Weide gelassen?

Maja überlegte. Nein, das konnte nicht sein. Sie hatten gestern Abend alle Ponys nach der Reitstunde in die Boxen gebracht. Außerdem hatte Britta neulich gesagt, dass die Pferde nachts nie auf der Weide wären.

Plötzlich hörte sie ein Krachen. Erschrocken fuhr Maja herum. Es klang, als wäre ein schwerer Gegenstand

umgefallen. Schnell duckte sie sich hinter Fratz' Boxen-wand. Dann schepperte etwas laut über den Boden. Der Lärm kam eindeutig aus der Futterkammer! Ein Pferd schnaubte, und Maja sah, wie sich ein schwarzes Pony-hinterteil in die Stallgasse schob. Fratz!

Sie lief zur Futterkammer und starrte ungläubig auf das Bild, das sich ihr bot: Fratz' Kopf steckte in einem der Futtersäcke, und mit der Hinterhand schob er eine um-gekippte Schubkarre immer weiter zur Seite. Fieberhaft überlegte Maja, was sie tun sollte. Fratz einfach vom Fut-ter wegzuziehen traute sie sich nicht. Vielleicht würde er nach ihr treten oder schnappen, weil er sauer war, dass jemand ihn bei seiner Lieblingsbeschäftigung störte. Sie musste Britta holen!

Kapitel 15

Maja rannte aus dem Stall und stürzte atemlos in die Gutsküche, wo Britta gerade Kaffee kochte.

»Fratz ist in der Futterkammer und frisst den ganzen Hafer!«

Britta begriff sofort. »Sag Pia Bescheid. Ich hole ihn raus und rufe den Tierarzt an. Je nachdem, wie viel er gefressen hat, kann es übel für ihn werden.«

Maja sauste zum Ponyhaus hinüber und riss die Tür von Pias Zimmer auf.

»Fratz ist in der Futterkammer und frisst.«

»Was?« Pia sprang aus dem Bett und schlüpfte hektisch in Jeans und Pulli. Dann rannte sie aus dem Zimmer.

»Das ist aber nicht gut«, sagte Pauline verschlafen und rieb sich die Augen. »Er kann eine fette Kolik kriegen.«

Maja wusste, dass Koliken lebensgefährliche Bauchschmerzen waren, die oft von zu viel oder verdorbenem Futter ausgelöst wurden. Manche Pferde bekamen auch Koliken, wenn sie erhitzt eiskaltes Wasser tranken. Bei Verdacht auf eine Kolik musste man immer den Tierarzt verständigen, dem Pferd eine Decke überlegen und es so

lange führen, bis der Arzt kam. Das hatte Maja in ihrem Lexikon gelesen.

Pauline zog sich schnell ihre Jogginghose an, und gemeinsam liefen sie auf den Hof. Am Stalltor kam ihnen Pia mit Fratz am Halfter entgegen.

»Wenn ich rauskriege, dass eine von euch gestern noch bei Fratz war und die Tür nicht richtig zugemacht hat ...«, rief sie aufgebracht.

»Reg dich ab. Was sollen wir bei deinem Pony? Das interessiert uns null!«, erwiderte Pauline wütend.

»Von allein kriegt er die Tür bestimmt nicht auf«, fauchte Pia zurück.

»Nicht so laut, Pia. Es ist gerade halb sechs. Warum Fratz in der Futterkammer war, klären wir nachher.« Britta war inzwischen auch herausgekommen.

Pia warf ihr, Maja und Pauline einen feindseligen Blick zu und ging mit Fratz Richtung Feldweg.

»Das war's. Die ist ab jetzt Luft für mich«, sagte Pauline zornig. »Die dumme Gans sollte froh sein, dass du Fratz überhaupt entdeckt hast, sonst hätte der doch bis zum Umfallen weitergefressen.«

»Aber sie hat bestimmt Angst um ihn. Und man kann sich ja wirklich fragen, wie er aus der Box gekommen ist.« Im Gegensatz zu Pauline konnte Maja Pias Reaktion verstehen und hoffte auch, dass Fratz keine Kolik bekommen würde.

Ein Auto fuhr auf den Hof, und ein älterer Mann mit einem Metallkoffer stieg aus.

»Guten Morgen, Doktor Zühlke«, begrüßte Britta den Tierarzt und ging ihm entgegen.

Grimmig sah Pauline zu den beiden hinüber. »Ich geh wieder rein. Es interessiert mich zwar, wie der Arzt Fratz untersucht, aber wenn diese Sumpfkuh dabei ist, verzichte ich gern darauf«, sagte sie.

Maja war noch unentschlossen. Dann ging sie in die Gutsküche. Auf eine weitere Begegnung mit Pia konnte sie heute früh auch gut verzichten.

Zur großen Erleichterung aller stellte Dr. Zühlke bei Fratz keine Kolik fest. Anscheinend hatte er sein Extrafrühstück nur kurze Zeit genossen und noch keine großen Mengen verdrückt. Aber Fratz sollte den ganzen Tag weiter beobachtet werden.

»Mit solchen Streichen ist nicht zu spaßen. Fast jedes Pferd hat zwar irgendwann mal eine Kolik, aber man muss es nicht herausfordern«, sagte Britta später beim Frühstück. »Fratz hatte Glück, dass Maja ihn so schnell entdeckt hat. Dafür kannst du dich bei ihr bedanken, Pia.«

»Von wegen bedanken. Er wäre nicht herausgekommen, wenn nicht eine von denen die Tür offen gelassen hätte.«

Maja fiel fast ihr Nutella-Brötchen aus der Hand. Jetzt reichte es ihr aber.

»Hey, weder Pauline noch ich waren gestern bei Fratz. Sophie bestimmt auch nicht. Also lass gefälligst deine Anschuldigungen. Du kannst aber mal drüber nachdenken, ob du es nicht selbst warst. Und wenn ich Fratz das nächste Mal in der Futterkammer sehe, dann kannst du Gift darauf nehmen, dass ich es dir nicht sage.« Maja war so wütend, dass sie plötzlich keine Angst mehr vor Pia hatte. Sie hatte genug von ihren Unverschämtheiten und wollte sich nicht länger alles gefallen lassen.

Pia musterte sie kühl. »Ich kann euch leider nichts beweisen. Aber ich will niemanden mehr in der Nähe meines Ponys sehen.« Sie stand auf und ging zur Tür.

»Einen Moment.« Britta hatte sich ebenfalls erhoben und sah Pia streng an. »Fratz kann über seine halbe Boxentür den Kopf herausstrecken und von außen an das Schloss. Wenn der Riegel nicht tief genug liegt, traue ich deinem Pony zu, dass es die Tür selbst geöffnet hat. Und es ist auch dir schon passiert, dass du den Riegel nicht richtig eingehängt hast. Vorgestern zum Beispiel.«

Pia sah niemanden an. Sie stand auf und verließ wortlos die Küche. Die Tür knallte hinter ihr zu. Maja zuckte zusammen.

»Stimmt«, sagte Pauline. »Fratz spielt immer an dem Schloss herum.«

»Es wird so gewesen sein«, sagte Britta und strich sich Marmelade auf ihr Brötchen. »Dass Pia dermaßen unfair zu euch ist, tut mir leid, und ich verstehe deine Wut, Maja. Es reicht in der Tat, und ich rede nachher mit ihr.« Britta biss von ihrem Brötchen ab und trank einen Schluck Kaffee. »Übrigens hat Tim gestern Abend noch angerufen. Er kommt heute doch, aber erst am Nachmittag. Pauline, bitte hilf du Maja solange beim Stalldienst.«

Kapitel 16

»Dann scheint bei Tim ja wieder alles in Butter zu sein«, meinte Pauline, als sie wenig später die Boxen von Niko und Svala ausmisteten.

»Vielleicht ist seine Mutter aber auch gar nicht so, vielleicht war sie gestern nur total unter Stress. Kennt man doch von seinen eigenen Eltern.« Maja hievte eine schwere Ladung Mist in die Schubkarre, und eine Weile arbeiteten sie schweigend weiter.

»Dass Britta Pia vor allen gesagt hat, sie selbst könnte das Schloss nicht richtig zugemacht haben, muss sie wahnsinnig ärgern. Fand ich voll krass, wie du Pia zusammengeschissen hast. Das wurde auch mal Zeit. Ehrlich, ich bin mit dieser blöden Kuh fertig.«

Maja kratzte sich am Kopf. »Hat mich auch überrascht, dass ich so ausgerastet bin. Ich bin gespannt, was Britta sagt, wenn sie mit Pia geredet hat. Vielleicht ist sie doch nicht so blöd.«

»Du bist immer so schrecklich gerecht.« Pauline machte ein Gesicht, als hätte sie in etwas Saures gebissen.

»Meine Eltern sind Anwälte«, meinte Maja grinsend.

»Na dann …«

63

Mit viel Schwung warf Maja die nächste Mistgabel mit schmutzigem Stroh auf die Karre. »Sag mal ehrlich, glaubst du, ich komme draußen mit Niko genauso gut klar wie in der Halle?«

Pauline hielt überrascht inne und sah Maja an. »Na klar! Dass Britta mit dem Ausreiten noch gewartet hat, damit du noch sicherer wirst, ist doch gut«, sagte sie und schaufelte wieder weiter.

»Hm. Ich fand es schade, dass ich bis jetzt nicht mit euch rausdurfte.«

»Kann ich verstehen. Aber jetzt ist es ja fast so weit«, tröstete Pauline sie. Dann schaukelten sie kichernd die volle Schubkarre zum Misthaufen.

Am nächsten Morgen wachte Maja schweißgebadet auf. Sie hatte geträumt, auf einem riesigen Pferd den Strand entlangzujagen. Sie wollte anhalten, aber sie wusste nicht, wie. Jemand schrie »Knopf drücken!«, doch Maja hatte keine Ahnung, wo der Knopf sein sollte. Und als sie gerade abspringen wollte, wachte sie auf.

So ein blöder Traum, dachte sie und räkelte sich. Seit Tagen hatte sie heftigen Muskelkater in den Beinen, der noch stärker geworden war und heute besonders wehtat.

Maja sah auf ihr Handy. Halb sechs, schon wieder so früh. Sie stand auf, spritzte sich Wasser ins Gesicht und zog sich so leise wie möglich an. Dann bürstete sie einmal kurz durch ihre zerzausten blonden Haare. Zähne putzen konnte sie auch nachher noch, die elektrische Zahnbürste wäre jetzt sowieso zu laut.

Geräuschlos öffnete Maja die Tür und schlich ins Treppenhaus. Als sie am oberen Treppenabsatz angekommen war, stutzte sie. Stand da unten jemand bei den Jacken? Sie blinzelte. Kein Zweifel, da war Tim! Schnell duckte sie sich hinter dem Treppengeländer. Sie wollte nicht, dass er sie sah.

Tim hielt eine Jacke in der Hand und schien etwas darin zu suchen. Dann hängte er sie wieder auf und ging hinaus.

Hatte Tim hier geschlafen? Maja dachte, er wäre abends nach dem Füttern nach Hause gegangen … Aber bestimmt hatte er seine Mutter überredet, dass er doch wieder auf den Dünenhof durfte, und war deshalb heute extrafrüh gekommen.

Maja schlich die knarrende Treppe hinunter. Unten zog sie Jacke und Schuhe an, öffnete die Haustür und trat in die frische Morgenluft hinaus.

Im Stall schob Britta den Haferwagen von Box zu Box und verteilte Futter.

»Moin, Maja. Du kannst es wieder kaum erwarten, die Pferde zu sehen, oder?«, sagte sie lächelnd.

Maja nickte und begrüßte sie auch.

»Kann ich noch was helfen?«

»Ich bin hier gleich fertig. Tim ist auch schon da. Frag ihn, was noch zu tun ist.« Britta ging mit einem Eimer Hafer in Donnas Box, die mit angelegten Ohren auf ihr Frühstück wartete.

Tim stand in Nellys Box und säuberte deren Tränke.

Na also, dachte Maja. Er war so früh gekommen, um wieder bei den Pferden zu helfen.

»Moin«, brummte Tim, als er Maja bemerkte. »Lord muss noch gefüttert werden. Und dann kannst du Fratzi seinen Fratz-Fraß holen. Wie immer, einen halben Eimer voll. Heute war er ja nicht beim Frühstücksbüfett.« Missmutig verzog er das Gesicht. Tim machte kein Geheimnis daraus, dass er Fratz genauso wenig mochte wie Pia, und nach dessen Ausflug in die Futterkammer fand er ihn noch dämlicher.

»Aber Pia will doch, dass wir überhaupt nichts mehr bei ihm machen«, meinte Maja verwundert.

»Soll er verhungern? Nee, gefüttert wird er immer noch von uns. Die Schnepfe habe ich hier noch nie um sechs im Stall gesehen«, erwiderte Tim mürrisch.

»Schon gut, ich meine doch nur.« Maja trollte sich. Das hätte Tim ihr auch freundlicher sagen können!

Sie ging zu Niko, und er begrüßte sie schnaubend. Täglich wurde er zutraulicher, und sie schmuste ausgiebig mit ihm, bevor sie Lord seinen Hafer gab. Jans Pferd hatte Maja viel lieber als Donna, vor der sie sich nach wie vor fürchtete. Donna war immer schlecht gelaunt, wenn jemand ihre Box betrat, und außerdem fürchterlich gierig. Auch den anderen Kindern war die Stute nicht geheuer. Tim konnte sie mit ihrem Getue allerdings nicht beeindrucken. Unerschrocken und resolut ging er mit ihr um, und bei ihm war Donna brav wie ein Lamm.

Fratz' Futter stand in der Futterkammer auf der grünen Metallkiste mit der Aufschrift PIA. Die Kiste war mit einem schweren Vorhängeschloss abgeschlossen, und Maja hatte noch nie gesehen, was darin war. Bestimmt Putzzeug und was man sonst noch so braucht, wenn man

ein eigenes Pony hat, überlegte sie. Aber warum schließt Pia immer ab? Hat sie Angst, dass wir etwas klauen? Oder dass Fratz bei seinen Fressanfällen auch sein Putzzeug verspeisen würde? Allein die Vorstellung, wie Fratz einen Striegel anknabberte, brachte Maja zum Lachen.

Sie schöpfte einen halben Eimer Hafer aus dem Sack und ging zu dem Pony. Im Gegensatz zu Tim mochte Maja Fratz gern. Er war sehr hübsch, gut gebaut, hatte eine lange seidige Mähne, und sein schwarzes Fell glänzte wie Samt.

»Du kannst schließlich nichts dafür, dass du dieser Zicke gehörst. Aber pass bloß auf, dass du nicht auch so einen Knall kriegst wie Pia.«

Maja schüttete das Futter in den Trog. Misstrauisch beobachtete Fratz sie aus der hinteren Ecke seiner Box. Erst als Maja die Box wieder verließ, drehte er sich um und ging vorsichtig Richtung Futterkrippe.

»Bist du noch sauer auf mich, weil ich dir deinen Ausflug vermasselt habe? Sei froh, Bauchschmerzen sind nämlich kein Spaß«, sagte Maja und prüfte noch einmal, ob sie das Schloss auch richtig zugemacht hatte.

Kapitel 17

Nach dem Frühstück ging sie auf ihr Zimmer, um ihre Eltern anzurufen. Sie wollte ihnen unbedingt erzählen, dass sie morgen zum ersten Mal ausreiten durfte und bisher auch noch nicht hinuntergefallen war. Als sie das Handy vom Nachttisch nehmen wollte, stutzte sie. Es war nicht mehr da. Hatte sie es vielleicht heute früh irgendwohin mitgenommen? Maja dachte scharf nach, konnte sich aber nicht daran erinnern. Nachdenklich ging sie zu den anderen in den Hof.

»Ich habe Niko schon geholt!«, rief Pauline und striegelte Charly weiter. Maja bedankte sich und fing an, Nikos Kopf mit der weichen Kardätsche zu bürsten. Er streckte ihn ihr entgegen und schien die Bürsterei zu genießen. Normalerweise hätte Maja sich darüber gefreut, und es hätte eine Extraschmuseeinheit gegeben. Heute bemerkte sie es gar nicht. Mechanisch putzte sie weiter.

»Sag mal, hast du vielleicht mein Handy gesehen?«, fragte sie Sophie, die neben ihr Svalas Fesseln bandagierte.

»Das liegt doch immer auf deinem Nachttisch. Habe ich aber heute nicht drauf geachtet. Wieso?«

Maja erzählte ihr die Geschichte.

»Seltsam«, meinte Sophie und sah Maja ernst an.

»Hast du eigentlich deinen Sportschuh wieder, Pauline?«
Sie führten die Ponys zur Reithalle, und Sophies Frage
machte Maja hellhörig. Sie hatte völlig vergessen, dass
Paulines Schuh seit fünf Tagen verschwunden war.

»Nee. Britta und ich haben alles abgesucht. Er ist wie
vom Erdboden verschluckt. Ich weiß noch gar nicht,
wie ich es meiner Mutter sagen soll. Die macht bestimmt
Stress, weil die so teuer waren.«

»Dann hatte Troll ihn also nicht?«, fragte Maja.

»Na ja, wir haben überall nachgesehen, wo er seine Beu-
te normalerweise hinschleppt. Und dabei alte Knochen,
Tennisbälle und drei abgenagte Pantoffeln gefunden. Von
meinem Schuh keine Spur. Britta hat Tim gebeten, bei seinen Spaziergängen in den Dünen die Augen offen zu halten. Er hat aber auch nichts gesehen, sagt er zumindest.
Ich glaube zwar nicht, dass er wirklich geschaut hat, aber
okay. Außer Pferden interessiert ihn auf dem Dünenhof
doch nichts. Warum sollte er also nach meinem Schuh suchen? Irgendwie glaube ich sowieso, dass Troll ihn doch
hat. Wer sonst sollte mit einem einzelnen Schuh was anfangen?« Pauline runzelte ärgerlich die Stirn. »Entweder
er hat ein neues, supersicheres Versteck, oder er hat ihn
zerlegt und aufgefressen.«

»Und wo hast du den Schuh zuletzt gesehen?«, fragte
Maja, die aufmerksam zugehört hatte.

»Im Schuhregal. Ich habe die Schuhe abends ausgezo-
gen und reingestellt, ganz ordentlich. Jan achtet doch

immer so darauf. Und am nächsten Tag nach der Reitstunde war der eine weg. Jetzt pfeffere ich meine anderen Schuhe immer unters Bett. Scheint sicherer zu sein.« Sie dachte kurz nach. »Aber Troll muss ihn haben. Am liebsten würde ich ihn bei Wasser und abgenagten Knochen in Untersuchungshaft sperren, bis er ihn freiwillig rausrückt.«

Maja überlegte. Paulines Sportschuh war spurlos verschwunden, und ihr Handy war nun auch futsch. Gab es vielleicht einen Zusammenhang?

An der Tür zur Reithalle lehnte Tim und kaute an einer Lakritzstange. Als die Mädchen kamen, rief er »Tür frei«, wartete die Antwort »Ist frei« ab und öffnete das Tor. Maja, Pauline und Sophie gingen mit den Ponys hinein, und Tim schloss das Tor wieder hinter ihnen.

Wie nett von ihm, dachte Maja. Sie zog die Bügel herunter und saß mit leichtem Stöhnen auf. Dieser Muskelkater war wirklich nervig. Britta kam und überprüfte nochmals den Sitz von Sattel und Trense und gurtete nach.

»Die Steigbügel machen wir morgen zum Ausritt übrigens zwei Loch kürzer. Für den leichten Sitz. Den üben wir heute. So. Dann bitte alle rechte Hand im Arbeitstempo Scheerrrritt anreiten.«

Draußen ritt Pia mit einem hochmütigen Blick an der Halle vorbei.

»Wahrscheinlich ist sie sich zu gut für uns und reitet jetzt schon vormittags an den Strand. Krass, oder? Etwas Besseres könnte uns gar nicht passieren. Dann bleiben wir auch in den Reitstunden vor ihr verschont«, raunte Pauline Maja zu und trieb Charly hinter Svala.

Maja nickte und hatte Schwierigkeiten, sich auf die Stunde zu konzentrieren. Wenn das mit dem Traum ein schlechtes Omen war und Niko morgen durchging? Was hatte Britta vor ein paar Tagen gesagt? »Sollte er schneller werden, dann hilft nur eines: Zurücklehnen, tief in den Sattel setzen und die Zügel kurz fassen.« Aber allein der Gedanke, eventuell solche Maßnahmen ergreifen zu müssen, machte Maja Angst.

»Was ist los, Maja? Konzentriere dich! Das war keine Volte, und das war auch noch nicht mal ein missratenes Ei. Das war gar nichts!«

Maja fuhr zusammen. Sie war einfach hinter Svala hergetrabt und hatte überhaupt nicht auf die exakte Ausführung der Bahnfigur geachtet.

»Mach es noch mal. Bei ›B‹ eine Volte, Durchmesser zehn Meter, das heißt bis zur Hallenmitte. Marsch!«

Jetzt konzentrierte sie sich auf die Hufschlagfigur.

»Schon besser. Du musst immer den nächsten Punkt auf der Kreislinie im Blick haben. Und nicht mit den Augen am Boden kleben. Wenn du das beim Radfahren machen würdest, dann gute Nacht. Das gilt übrigens für alle! Immer dorthin sehen, wohin ihr reiten wollt. Dann verlagert ihr euer Gewicht automatisch, und das Pferd biegt sich entsprechend.«

Obwohl Maja das Gefühl hatte, auf dem Dünenhof in der kurzen Zeit bereits eine Menge gelernt zu haben, merkte sie täglich mehr, wie schwierig Reiten tatsächlich war. Der richtige Sitz, das rhythmische Mitschwingen mit den Pferdebewegungen und die Bahnfiguren in gleichmäßigem Tempo exakt an den Markierungspunkten auszuführen waren jedes Mal wieder große Aufgaben. Aber sie strengte sich an. Denn sie wollte eines Tages so gut reiten können wie Pia – auch wenn das noch lange dauern würde.

Kapitel 18

»Soll ich dir etwas sagen?« Aufgeregt rannte Sophie auf Maja zu, die im Bauerngarten im Strandkorb saß und in ihrem Lexikon den Absatz über »Hufschlagfiguren« nachlas.

»Mhm?«

»Ich hatte zwanzig Euro in meiner Anoraktasche. Gerade wollte ich ins Dorf, Postkarten und Limo kaufen ... Da ist der Schein nicht mehr da! Garantiert – das Geld war gestern noch in der Jacke, und sie hing die ganze Zeit unten am Haken. Ich fasse es nicht!«

Maja sah erstaunt von ihrem Buch auf. »Vielleicht hast du das Geld woandershin gelegt?«

»Das hätte sein können, wenn ich die Einzige wäre, die hier Sachen vermisst. Aber es fehlt ein Schuh, es fehlt ein Handy und jetzt auch noch Geld. Und ich glaube nicht, dass Troll mit zwanzig Euro im Maul losrennt und sich davon Hundekuchen kauft.«

»Aber das hieße ... Das heißt ... dass hier jemand klaut«, stotterte Maja und starrte Sophie ungläubig an.

»Ich glaube, das heißt es.«

»Aber wer würde so etwas machen?«

»Theoretisch könnte es jeder hier auf dem Dünenhof sein«, meinte Sophie düster.

Bei dem Gedanken, dass Sophie, Pauline, Tim oder eines der anderen Kinder, die zum Reiten kamen, stehlen könnten, wurde Maja ganz mulmig zumute.

»Du und Pauline, ihr seid es für mich aber garantiert nicht. Britta und Jan scheiden auch aus.« Sophie blickte Maja ernst an.

»Geht mir genauso«, erwiderte Maja bedrückt. Dann fiel ihr ein, dass sie Tim in aller Herrgottsfrühe bei den Jacken gesehen hatte. Sollte Tim etwa …? Maja wischte den Gedanken sofort wieder weg. Er hatte bestimmt etwas in seiner eigenen Jacke gesucht. Sophie und Pauline würde sie nichts davon erzählen. Gerade Tim hätte viele Gründe, morgens im Ponyhaus am Garderobenbrett mit einer Jacke in der Hand zu stehen.

»Britta und Jan sagen wir nichts. Ich glaube, dass wir das auch allein hinkriegen. Es geht schließlich um unsere Sachen«, sagte Pauline, nachdem Maja und Sophie ihr von dem verschwundenen Geld erzählt hatten.

»Aber denkt ihr auch das, was ich denke?«, fragte sie und sah die beiden mit funkelnden Augen an.

Sophie nickte. »Klar, wer sollte es denn sonst sein? Britta kann Tim von mir aus so pferdeflüsterisch und toll finden, aber für mich ist er ein Rätsel. Neulich habe ich ihn von Weitem dabei beobachtet, wie er in einer Jacke wühlte. Ich habe mir nichts dabei gedacht. Aber jetzt …«

Maja fuhr erschrocken zusammen und biss sich auf die Unterlippe. Sophie hatte Tim in einer ähnlichen Situation wie sie gesehen?

»Ihr glaubt, dass Tim es sein könnte?«, fragte sie vorsichtig.

»Tim oder auch Pia. Ist ja nicht schwer, darauf zu kommen. Pia ist nie dabei, wenn wir etwas unternehmen. Sie hätte alle Zeit der Welt, sich in unseren Zimmern zu bedienen. Oder etwas aus dem Flur zu holen. Sie kann im Ponyhaus ein und aus gehen, niemand denkt sich etwas dabei. Und bisher sind auch nur Dinge von dort verschwunden. Bei Tim ist es genauso.«

Pauline steckte sich einen Kaugummi in den Mund und hielt Maja und Sophie die Packung hin. Sophie schüttelte den Kopf, aber Maja nahm gern einen. Beim Kauen konnte sie immer viel besser nachdenken.

»Danke. Aber ich verstehe es nicht. Weder bei Tim noch bei Pia. Und gerade Pia hätte es doch gar nicht nötig. Sie kann sich bestimmt alles kaufen, hat ein eigenes Pony und jeden Tag neue Klamotten an.«

»Stimmt, bei Pia könnte ich es auch nicht begreifen, wenn sie diejenige ist, die klaut«, meinte Pauline. »Bei Tim schon eher. Er kriegt wahrscheinlich nicht viel Taschengeld und könnte unsere Sachen bestimmt gut auf der Insel verhökern.«

Das würde er bestimmt nie tun, dachte Maja, traute sich aber nicht, vor den beiden so eindeutig Partei für Tim zu ergreifen.

»Und was machen wir jetzt?«, fragte sie stattdessen und sah Pauline und Sophie ratlos an.

»Sie beobachten. Und einen von beiden am besten auf frischer Tat ertappen. Am liebsten wäre mir, dass Pia die Diebin ist. Dann könnte man der bescheuerten Zicke mal so richtig eins auswischen.« Paulines Augen funkelten voller Groll.

»Hinterherspionieren? Das finde ich überhaupt nicht gut.« Maja warf Pauline einen skeptischen Blick zu.

Die zuckte mit den Schultern. »Wenn ich deine Eltern hier noch treffe, dann sage ich ihnen, wie gut und gerecht du bist und wie super sie dich erzogen haben. Aber mal im Ernst: Was willst du sonst machen? Höflich fragen, ob ich vielleicht meinen Schuh wiederhaben könnte und du dein Handy und Sophie ihr Geld?«

Maja nickte. »Warum nicht? Wenn man ehrlich darüber spricht, dann gibt es zumindest die Chance, aus so einer Sache wieder rauszukommen.«

»Das glaubst du doch nicht wirklich, oder? Wie, bitte, stellst du dir das vor?«

»Na, eine passende Gelegenheit abwarten und dann … direkt ansprechen. Wie genau, weiß ich auch noch nicht. Darüber muss ich noch nachdenken, aber mir fällt bestimmt was ein. Und ich finde es fairer, als sie ins offene Messer laufen zu lassen und hinterher ›Ätschibätsch‹ zu sagen.«

Pauline runzelte mit der Stirn und warf ihr einen ungläubigen Blick zu. Majas Vorschlag schien sie immer noch nicht zu überzeugen.

»Und wenn Tim oder Pia so tun, als wüssten sie von nichts? Dann rücken sie unsere Sachen doch überhaupt nicht mehr raus. Ich möchte aber gern mit meinen beiden Schuhen heimfahren. Es wäre doch am einfachsten, einen beim Klauen zu erwischen und dann direkt die übrigen Sachen zurückzufordern.«

76

Sophie, die nachdenklich zugehört hatte, schaltete sich ein. »Warte mal, Pauline, vielleicht hat Maja doch recht. Ich finde es auch besser, mit Tim und Pia zu sprechen. Aber ich würde mich das nicht trauen.« Maja warf Sophie einen dankbaren Blick zu. Das war jetzt die Gelegenheit, Pauline von ihrem Überführungstrip herunterzuholen.

»Ich mach das schon«, sagte sie schnell. »Mit Pia könnte ich zum Beispiel morgen nach dem Ausritt reden. Sie ist doch vormittags auf dieser Vogelexkursion und kommt erst nachmittags wieder, hat Jan gesagt. Und mit Tim spreche ich, wenn es passt. Vielleicht ist das dann ja gar nicht mehr nötig.«

Maja war wieder einmal über ihren eigenen Mut erstaunt. Aber sie war felsenfest davon überzeugt, dass Offenheit der bessere Weg war. Und seit sie Pia vor ein paar Tagen die Meinung gesagt hatte, hatte sie sowieso kaum noch Angst vor ihr.

»Also gut, wenn ihr meint …«, stimmte Pauline zögernd zu. »Aber ich sehe mir die beiden ab jetzt trotzdem genau an.«

Maja war erleichtert und froh, dass Pauline nicht auf ihrer Lösung bestanden hatte. Sie stand auf. »Okay. Dann wissen wir morgen also schon mehr. Spannend, oder?«

»Allerdings. Aber Hauptsache, ihr haltet mich da raus, und ich habe mit dieser blöden Kuh nichts zu tun. Und denkt dran: zu Britta und Jan kein Wort.«

»Einverstanden«, sagte Maja, und Sophie nickte.

Kapitel 19

Beim Mittagessen waren Majas Spaghetti der große Hit. Sie hatte mit Jan zwei Töpfe Nudeln gekocht, und es reichte gerade so.

»Das sind die besten Spaghetti, die es je auf dem Dünenhof gegeben hat«, lobte Jan und nahm sich bereits die dritte Portion. »Du könntest in den nächsten Ferien die Küche übernehmen. Eine sehr dankbare Aufgabe mit viel Anerkennung«, grinste er und zwinkerte Maja zu.

»Damit du dir keine Gedanken mehr ums Essen machen musst, wie? Ich glaube, Maja käme lieber wieder zum Reiten hierher.« Britta lachte und küsste Jan auf die Wange.

Maja nickte grinsend. Dann sah sie zu Pia hinüber, die schweigend aß und wie meistens gleichgültig aus dem Fenster blickte. Aber immerhin nörgelt sie nicht an meinen Nudeln herum, stellte Maja mit einer gewissen Genugtuung fest.

»Kannst du mir das Rezept geben?«, fragte Tim plötzlich.

Maja sah ihn verblüfft an. »Klar. Es ist ganz einfach. Du musst die Nudeln in kochendem Salzwasser ungefähr zehn Minuten kochen. So circa fünf Liter für fünfhundert Gramm. Wichtig ist, dass sie nicht länger drin sind, sonst werden sie zu weich. Immer mal testen und besser zu früh als zu spät herausholen. Und dann in eine heiß ausgespülte Schüssel geben. Ich habe nachher noch ein bisschen Olivenöl drangetan, dann kleben sie nicht so. Und für die Soße brätst du Knoblauch und Zwiebeln an, tust dann das Hackfleisch dazu und zum Schluss die Tomaten. Die können auch aus der Dose sein. Und dann mit Salz, Oregano und einem Schuss Olivenöl würzen. Wir haben auch noch frisches Basilikum aus dem Bauerngarten druntergemischt.«

»Okay, probiere ich mal. Danke.« Über Tims Gesicht huschte ein kurzes Lächeln, und Maja sah verlegen auf ihren Teller. Dass er ihr Handy oder die anderen Sachen geklaut haben könnte, wollte sie immer weniger glauben. Aber wenn Sophie ihn auch beim Durchwühlen einer Jacke gesehen hatte? »Letztlich weiß man nie, was alles in einem Menschen steckt«, sagte ihr Vater immer. Zum ersten Mal verstand Maja, was er damit meinte.

Beim Abräumen fragte Britta, ob Tim morgen zum Ausritt mitkommen wollte.

»Weiß ich noch nicht. Ich hatte Jan versprochen, mit ihm den Zaun an der großen Koppel zu reparieren. Kommt drauf an, wann wir fertig werden«, meinte er kurz.

Gut, dachte Maja und stellte ihren Teller auf die Spüle. Dann ist Tim den ganzen Tag auf dem Dünenhof. Irgendeine Gelegenheit zum Reden würde sich schon ergeben.

»Ich habe eine krasse Idee!« Pauline stürmte in das Ponystübchen, wo Maja ausnahmsweise mal nicht im Pferdelexikon las, sondern Postkarten an ihre Oma und Lin schrieb. Sophie war in den Ort gefahren und wollte sich dort mit Isabel und Dörte treffen. Sie wollten in das Wellenbad gehen. Maja und Pauline hatten keine Lust gehabt, mitzukommen.

»Dass wir da nicht schon früher draufgekommen sind!«

»Worauf?«, fragte Maja und leckte eine Briefmarke an.

»Wir rufen einfach dein Handy an, und irgendwo hier auf dem Gelände wird es schon bimmeln. Und vielleicht finden wir dann, so ganz zufällig, auch einen Schuh. Bei dem Geld bin ich mir allerdings nicht so sicher.«

»Wow, genial, Pauline«, meinte Maja begeistert und sprang von ihrem Stuhl auf.

Pauline hielt ihr das Handy hin, und Maja tippte ihre Nummer ein. Sie lauschten gespannt, aber nichts war zu hören.

»Okay. Wir müssen eben das komplette Gelände abgehen.«

Im Flur zogen sie sich ihre Schuhe an und spazierten über den Gutshof, in alle Gebäude und schließlich noch in die Reithalle und in die Scheune. Aber nirgends war auch nur der leiseste Pieps von Majas Handy zu hören.

Maja war enttäuscht. Sie hatte sich so viel von Paulines Einfall versprochen.

»Der Akku kann eigentlich noch nicht leer sein, den hatte ich gerade erst aufgeladen. Aber vielleicht hat es jemand ausgeschaltet.«

Pauline nickte. Gedankenverloren sah sie zum Dressurviereck hinüber, wo Tim gerade mit Lord »Tritte verlängern und verkürzen« übte. Troll lag am Zaun und nagte an einem Knochen.

»Oder Troll hat es doch gefressen«, meinte Pauline langsam.

»Quatsch.« Maja war nicht nach Scherzen zumute. Der Verlust ihres Handys ärgerte sie immer mehr.

»Hey, das war ein Witz«, sagte Pauline und zwickte Maja versöhnlich in den Oberarm.

»Aua! Schon gut, ich bin eben einfach sauer. Und ich glaube kaum, dass Troll gerade mein Handy verdaut. Dafür hat er einen zu gesunden Appetit.« Maja beugte sich zu ihm hinunter und kraulte seine Ohren.

»Stimmt«, sagte Pauline, »er ist fit. Aber vielleicht nur, weil er vorher meinen Superschuh gefressen hat und der noch wirkt.« Sie lachten so laut, dass Lord einen kleinen Satz machte und Tim ihnen einen verärgerten Blick zuwarf.

Pauline verzog das Gesicht. »Dem könnte es nicht schaden, ab und zu auch ein bisschen zu lachen. Komm, wir gehen noch in den Stall, und wenn wir da auch nichts finden, dann nehmen wir Pia und Tim eben in die Zange. Besser gesagt ... du nimmst sie dir vor.« Pauline zog Maja mit sich und tippte in der Stallgasse auf Wahlwiederholung.

Plötzlich horchte Maja auf. »Das ... das ist mein Handy!« Überrascht riss sie die Augen auf. »Scheint aus der Futterkammer zu kommen.«

Fast gleichzeitig rannten die beiden los. Das Signal wurde immer lauter. Als sie in dem kleinen Raum standen, war es eindeutig, woher die Melodie kam.

»Ich fasse es nicht«, rief Maja aufgeregt. »Mein Handy liegt in Pias Kiste!«

Kapitel 20

Vor dem Schlafengehen ging Maja noch mal in den Stall. Sie wollte Niko von den Ereignissen des Tages erzählen. Es war kühl geworden, und ein heftiger Wind brachte die Fensterläden der Wohnhäuser zum Klappern. Maja wunderte sich, dass das Stalltor noch offen war. Normalerweise schloss Jan es immer schon gegen neun Uhr abends. Und jetzt war es fast halb elf. Aber vielleicht machte er heute erst später seine Runde.

Maja ging zu Niko in die Box, und er begrüßte sie mit leisem Wiehern. Sie zog ein Stück hartes Brot aus der Tasche und zerbrach es in kleine Stückchen, die Niko behutsam wie immer aus ihrer Hand nahm. Maja lehnte sich an seinen Hals und redete leise mit ihm.

»Wir waren so baff, als wir das Handy in der Kiste klingeln hörten. Pia kann sich schon mal warm anziehen. Am liebsten würde ich sie mir morgen früh schnappen. Aber sie geht in aller Herrgottsfrühe mit so einem Vogelführer ins Watt. Sophie und Isabel sind auch dabei. Jan hatte uns alle gefragt, ob wir an einer Wattwanderung Interesse hätten, aber ich hatte keine Lust auf Würmer und was man da noch so sehen kann. Das finde ich eklig. Mir ist es sowieso lieber, erst nach dem Ausritt mit Pia zu sprechen, weil ich vor unserem ersten Ritt im Gelände so aufgeregt bin. Sei bloß brav, ja? Und bitte nicht zu schnell werden. Mir reicht das Tempo, das du in der Halle hast, völlig.« Sie kraulte Nikos Ohren und zog ein paar Strohhalme aus seiner Mähne. »Aber soll ich dir noch was verraten? Ich bin so froh, dass es nicht Tim war, der geklaut hat.«

Niko schnüffelte wieder an ihrer Hosentasche, und Maja fand noch ein Leckerli für ihn. Sie vergrub ihr Gesicht in seiner Mähne und stellte sich vor, Niko würde ihr gehören. Wenn er in Berlin wäre, könnte sie jeden Tag mit ihm im Reitstall verbringen. Das wäre vielleicht genial!

Das Stalltor krachte, und Maja zuckte zusammen. Bestimmt nur der Wind, dachte sie. Aber dann hörte sie schnelle Schritte in der Stallgasse und kurz darauf die laute Stimme von Tims Mutter.

»Hier bist du also wieder, ich suche dich schon überall. Hatte ich dir nicht verboten, dich im Stall herumzutreiben?« Es gab einen Knall wie von einer Ohrfeige. »Ein für alle Mal … Solange es so viel in der Pension zu tun gibt und du schlechte Noten nach Hause bringst, gehst du mir nicht mehr hierher. Und wenn du jetzt nicht sofort mitkommst, kannst du was erleben. Ich warte draußen auf dich!«

Mit wütenden Schritten stampfte Frau Begemann hinaus.

Vorsichtig lugte Maja auf die Stallgasse und sah gerade noch, wie Tim durch das Stalltor ging. Hinter ihm fiel es wieder krachend ins Schloss. Draußen hörte Maja Tims Mutter »das war jetzt das allerletzte Mal« sagen, dann schlugen zwei Türen, und ein Auto fuhr vom Hof.

Maja holte tief Luft. Wenn Tim im Stall war, dann hatte er sie bestimmt gesehen, als sie zu Niko ging. Hoffentlich hatte er nichts von dem mitgekriegt, was sie ihm erzählt hatte. Allein die Vorstellung war Maja sehr peinlich. Zum Glück hatte sie sehr leise gesprochen, und Tim musste irgendwo in der Nähe der Sattelkammer gewesen sein. Er hätte sie gar nicht hören können, beruhigte sich Maja.

Aber … von wegen Mamasöhnchen! Tim hatte sich nicht um das Verbot seiner Mutter gekümmert und war einfach ohne ihre Erlaubnis auf den Dünenhof gekommen. Ganz schön mutig von ihm. Das hätte sie sich bei ihren Eltern nicht getraut.

»Hoffentlich kriegt Tim das mit seiner Mutter wieder hin, bevor meine Ferien hier zu Ende sind. Stell dir mal vor, wenn er überhaupt nicht mehr kommen dürfte. Das wäre echt schlimm. Er ist doch so nett zu euch … und überhaupt.« Behutsam streichelte Maja Nikos Kopf, wünschte ihm eine Gute Nacht und verließ dann leise seine Box.

Kapitel 21

»In den Dünen reiten wir nur auf den gekennzeichneten Wegen. Dabei wird immer die Reihenfolge eingehalten und niemand überholt. Wenn irgendetwas ist, ruft ihr und pariert sofort durch.«

Britta saß auf Donna, die unruhig tänzelte und nervös schnaubte. Beruhigend klopfte Britta ihr den Hals und ritt einige Volten.

»Das gilt auch für dich, Pia: Du bleibst bei der Gruppe! Ich will dich nicht im Jagdgalopp am Strand sehen.« Britta sah Pia scharf an, die ihren Blick trotzig erwiderte.

»Im Gegensatz zu einigen anderen hier reite ich nicht das erste Mal aus. Mach dir lieber Sorgen darum, dass die oben bleiben«, zischte Pia und warf Maja und Sophie einen herablassenden Blick zu, während sie sich auf Fratz schwang.

Pauline stieg die Zornesröte ins Gesicht. »Tön hier nicht so blöd rum. Pass lieber auf, dass du nicht abgeworfen wirst. Gönnen würde ich es dir.«

Pia lachte nur hochmütig, schnallte die Bügel zwei Loch kürzer und trieb Fratz hinter Donna.

»Wenn die wüsste …«, wisperte Sophie Maja zu.

Maja nickte. Pias hämische Bemerkung ärgerte sie auch, aber noch mehr beschäftigte sie momentan ihr erster Ausflug ins Gelände.

Sie hatte Tim den ganzen Tag noch nicht gesehen und fragte sich, ob er überhaupt mitreiten würde. Nach dem, was Maja gestern Abend mitgekriegt hatte, glaubte sie es zwar nicht, aber insgeheim hoffte sie es immer noch ein bisschen.

»Kommt Tim mit?«

Britta zog die Schultern hoch. »Keine Ahnung. Wahrscheinlich repariert er mit Jan die Zäune auf der anderen Seite vom Gut. Wir reiten jedenfalls jetzt los. Pia hinter mir, dann Pauline, Maja, Sophie, Isabel und Dörte. Und Pia, es wäre schön, wenn du außer Fratz auch deine Zunge im Zaum halten würdest. Hier sind alle gute Reiterinnen, falls es dir bisher entgangen sein sollte.«

»Wirklich? Das habe ich tatsächlich noch nicht bemerkt.« Abfällig sah Pia in die Runde.

Pauline lief wieder rot an und wollte etwas sagen, aber Britta warf ihr einen vielsagenden Blick zu, und Pauline schluckte ihre Bemerkung hinunter.

Sie ritten den Feldweg vom Gut bis zur Straße und bogen dann in einen breiten Dünenweg ein. Die Sonne schien heiß vom tiefblauen Himmel, und ein leichter Wind sorgte für Abkühlung. Genau das richtige Wetter für einen Ausritt.

Donna schien nur darauf zu warten, endlich lospreschen zu dürfen, und Britta musste die Stute mit all ihrer Kunst zügeln. Donnas Heftigkeit machte Maja wieder ganz unsicher. Sie beugte sich zu Niko vor.

»Bitte nicht übermütig werden. Wenn du losfetzt, kann ich mich bestimmt nicht oben halten«, flüsterte sie ihm zu. Niko schüttelte sich einmal kräftig, und Maja hoffte, dass er sie auch richtig verstanden hatte.

Jetzt rief Britta »Haaaalt«, stieg von Donna ab und kontrollierte alle Gurte. Dann saß sie wieder auf, und nach ein paar Hundert Metern trabten sie an.

Niko war im Gelände tatsächlich genauso lieb wie in der Bahn, und Majas Nervosität fiel mit jedem Trabtritt mehr von ihr ab. Sie begann den weichen, federnden Gang ihres Ponys zu genießen und fand es großartig, endlich draußen mitreiten zu dürfen.

Britta drehte sich zur Gruppe um. »Immer schön aufpassen. Selbst die bravsten Ponys können unterwegs auf dumme Gedanken kommen und sich vor auffliegenden Rebhühnern, Möwen oder Fasanen erschrecken. Immer Knie ran ans Pferd und hellwach bleiben.«

Sie trabten durch eine herrliche Dünenlandschaft. Der Boden war weich und tief, aber die Ponys stapften sicher durch den weißen Sand auf das Meer zu. Ab und zu schnaubte ein Pferd, die Sättel knirschten, und Maja sog den Geruch von Ponys, Leder, Meer und salziger Luft tief ein. Genauso hatte sie sich einen Ausritt vorgestellt!

Kapitel 22

Nach einer halben Stunde waren sie an einem breiten Strandabschnitt angekommen und ritten im Schritt am Wasser entlang. Weiter hinten am Badestrand schwammen viele Menschen im Meer, spielten Volleyball, bauten Sandburgen oder lagen einfach faul in der Sonne herum.

Maja war stolz, dass sie nun selbst hier entlangritt und jeder sie dabei beobachten konnte. Bisher war sie es ja immer gewesen, die den Reitern am Strand sehnsüchtig hinterhergesehen hatte.

Als sie den Badeabschnitt passiert hatten, ließ Britta die Abteilung halten. Donna tänzelte auf der Stelle und schnaubte nervös, aber Britta schien die Stute perfekt unter Kontrolle zu haben.

»Wir galoppieren jetzt bis zu dem roten Badekarren da hinten. Kurz davor hebe ich den Arm, und ihr pariert zum Trab durch. Noch einmal: Kein Pony überholt das andere, es gibt kein Flachrennen! Wer nicht mehr kann oder wer das Gefühl hat, die Kontrolle zu verlieren, ruft HALT. Dann wird sofort durchpariert. Klar?«

Alle nickten. Sogar Pia. Majas Herz pochte. Was, wenn sie Niko nicht hinter den anderen halten konnte? Oder wenn eines der anderen Ponys hinter ihr losraste und Niko dann mitmachte?

Aber da rief Britta schon »Teerrrab«, und munter setzten sich die Ponys in Bewegung. Niko schnaubte vor Vergnügen, und seine Mähne wippte lustig auf und ab. »Galopp«, hörte Maja von vorn, und die Ponys fielen in ein mäßiges Tempo, das Niko auf leichten Zügelzug sogar verlangsamte. Gott sei Dank – sie hatte ihn unter Kontrolle!

»Super, oder?«, rief Pauline und drehte sich kurz zu Maja um. Maja nickte nur. Sie konnte nicht sprechen, zu stark pfiff ihr der Wind um die Ohren und zu sehr war sie mit der Bewegung und dem Tempo des Ponys beschäftigt. Aber sie war begeistert! Sie brauste mit ihrem Traumpony am Strand entlang, so, wie sie es sich immer gewünscht hatte!

Plötzlich rutschte ihr rechter Fuß aus dem Steigbügel. Sie wollte ihn noch mit den Zehenspitzen halten, aber es war zu spät – beim nächsten Galoppsprung baumelte er schon neben ihrem Fuß.

Maja verlor für einen kurzen Moment den Halt und hatte das Gefühl, gleich hinunterzufallen. Mit aller Kraft krallte sie sich in Nikos Mähne fest, umklammerte mit ihren Beinen noch stärker den Bauch des Ponys und fand allmählich das Gleichgewicht wieder. Sie musste es schaffen, oben zu bleiben! Bis zum Badekarren war es nur noch ein kurzes Stück, und sie wollte auf keinen Fall bei ihrem allerersten Ausritt im Sand landen.

Hoffentlich schlägt der Steigbügel nicht an Nikos Bein und erschreckt ihn, dachte Maja noch, aber da hörte sie endlich das erlösende »Durchparieren«, und alle Ponys fielen in schnellen Trab.

»Scheeerrritt«, rief Britta, und erleichtert atmete Maja auf. Es war geschafft. Sie hatte ihren ersten Galopp im Gelände gemeistert! Und das, obwohl sie mindestens die Hälfte der Strecke mit nur einem Bügel geritten war.

Maja setzte sich wieder im Sattel zurecht, angelte den Steigbügel und strahlte über das ganze Gesicht.

»Alles okay?«, fragte Britta, und die Mädchen bejahten begeistert.

Nur Pia verzog das Gesicht. »Von wegen okay. Fratz will richtig galoppieren und nicht so dahinschleichen.«

Verärgert drehte Britta sich zu Pia um und blieb mit Donna stehen. »Das Tempo wird beim nächsten Galopp nicht schneller. Und auch du wirst dich mit Fratz wieder daran halten«, sagte sie mit harter Stimme. Dann trieb sie Donna wieder vorwärts.

Es war das zweite Mal, dass Maja Britta so erbost erlebte. Vor ein paar Tagen hatte Britta erzählt, dass sie nach dem Vorfall mit Fratz in der Futterkammer mit Pia reden wollte. Aber Pia hatte sie eiskalt abblitzen lassen.

Warum war sie so doof und verdarb es sich mit allen? Sogar mit Britta? Maja wusste darauf keine Antwort. Sie fand es nur unendlich schade, dass Pia es überall schaffte, die Stimmung zu verderben.

»Dort drüben, bei den großen Dünen, galoppieren wir noch mal. Danach geht es wieder Richtung Stall. Die Pferde wissen das und werden auf dem Heimweg noch einmal frisch. Also weiter so gut aufpassen wie bisher! Es klappt ja prima. Auch bei dir, Maja, oder?« Maja nickte, und Britta lächelte ihr zu.

Kapitel 23

Sie trabten eine Weile auf dem festen Sand am Wasser und bogen dann Richtung Dünen ab.

»Galopp«, rief Britta von vorn, und schon streckte Donna sich. Diesmal hatte Maja überhaupt keine Angst mehr und genoss Nikos Tempo von Anfang an. Ein Galopp am Strand war einfach das Größte, und sie konnte jetzt gut verstehen, warum alle davon schwärmten. Hoffentlich dauerte es diesmal ein bisschen länger als vorhin.

Plötzlich wurde Niko schneller. Erschrocken nahm Maja die Zügel kürzer, aber das Pony reagierte nicht. Dann schoss auch schon Svala an ihnen vorbei, und Niko raste hinterher.

Britta schrie: »Nach hinten setzen. Nach hiiiinten!« Verzweifelt versuchte Maja, ihr Gewicht tief in den Sattel zu drücken, aber es war zwecklos. Wie ein Irrer raste Niko auf die Dünen zu und wurde schneller und schneller. Maja fühlte sich völlig hilflos, und ihr war übel von der Geschwindigkeit.

Dann sah sie Pia und Fratz vor sich, und alles passierte in Bruchteilen von Sekunden: Fratz stolperte, stürzte und überschlug sich. Pia blieb im Sand liegen.

Fast im gleichen Moment hörten Svala und Niko auf zu rasen. Sofort griff Maja die Zügel nach, und Niko ließ sich bereitwillig zum Halten durchparieren. Maja zitterte am ganzen Körper und musste ein paarmal tief durchatmen, bevor sie absteigen konnte. Als sie neben Niko stand, merkte sie erst, wie sehr ihr die Knie schlotterten.

Fratz hatte sich wieder aufgerappelt und verschwand mit schlackernden Zügeln in den Dünen.

Sophie rannte zu Pia, und von der anderen Seite kamen Britta, Pauline, Dörte und Isabel. Alle waren abgestiegen und führten die Ponys am Zügel.

»Reite Fratz hinterher und versuch, ihn einzufangen, Pauline. Er wird hoffentlich irgendwo in den Dünen stehen bleiben und fressen«, rief Britta.

Pauline schwang sich sofort auf Charly und galoppierte Richtung Dünen davon.

»Wenn er nur nicht in die Zügel tritt oder in ein Auto rennt.« Pia weinte und stöhnte. Ihr rechtes Handgelenk war seltsam abgeknickt.

»Das wird er schon nicht«, meinte Britta aufmunternd. Aber auch in ihrer Stimme schwang ein sorgenvoller Unterton mit. »Es sieht so aus, als seist du verletzt. Lass mal sehen.« Sie kniete sich neben Pia und betastete vorsichtig deren Hand. »Tut dir sonst noch etwas weh?«

Pia schüttelte den Kopf und versuchte, aufzustehen. Sie schaffte es nur mit Unterstützung. Dann zog Britta ihr Handy aus der Jackentasche, rief Jan an und erzählte ihm in aller Kürze, was passiert war.

»Ihr sitzt wieder auf und folgt Pia und mir. Jan holt uns vorn an der Straße ab und fährt Pia und mich ins

Krankenhaus. Tim kommt auch mit und wird Donna übernehmen.«

Pia weinte jetzt richtig, und sie tat Maja ehrlich leid. Der Sturz hatte böse ausgesehen, und sie musste ziemliche Schmerzen haben.

Britta half ihr, auf Donna aufzusteigen, was mit einer Hand gar nicht so leicht war. Ein paarmal stöhnte Pia leise auf, aber schließlich saß sie oben. Dann schlug Britta den direkten Weg durch die Dünen Richtung Straße ein, und die anderen folgten ihr, die Ponys ebenfalls am Zügel. Auf der Hälfte des Weges kam ihnen Pauline mit Fratz und Charly entgegen.

»Gott sei Dank.« Britta atmete erleichtert auf.

»Er hat tatsächlich gefressen und sich ganz leicht fangen lassen. Aber ich glaube, er lahmt«, meinte Pauline.

Britta übergab Maja Donnas Zügel und untersuchte Fratz' Beine. Das linke hintere war warm und etwas geschwollen.

»Wahrscheinlich verstaucht. Das wird sich Doktor Zühlke gleich ansehen. Jan hat ihn schon informiert.«

Pia nickte verzagt und schluchzte wieder. Sie sah wie ein Häufchen Elend aus und hatte gar nichts mehr von dem hochnäsigen Mädchen, das sie noch vor einer Stunde gewesen war.

»Was ist eigentlich passiert?«, fragte Maja Sophie, als sie weitergingen.

»Svala hat gescheut, weil so ein blöder Lenkdrache plötzlich durch die Luft sauste. Sie ist mir durchgegangen, und Niko konnte es wohl nicht haben, dass jemand ihn überholen wollte. Fratz hat erst gar nicht reagiert, ist dann aber auch durchgegangen. Dass Charly cool blieb, ist ein echtes Wunder. Wo er doch sonst immer mit dem Quatsch anfängt.«

Pauline klopfte den Hals ihres Ponys. »Aber du hast dich echt super auf Niko gehalten! Das sah voll krass aus, wie ihr zwei in diesem Wahnsinnstempo hinter Svala hergedüst seid. Dass der Alte noch so rennen kann, hätte ich nie gedacht.«

Erst jetzt dachte Maja daran, dass auch Niko hätte stürzen können, und sie war heilfroh, dass nichts passiert war. Sie streichelte über Nikos Mähne und bedankte sich leise bei ihm. Schließlich hatte er von ganz allein mit der Raserei aufgehört.

Dann fiel Majas Blick wieder auf Pia. Von hinten sah sie auf der großen Donna mindestens genauso mitleiderregend aus wie von vorn. Von der stolzen, selbstsicheren Reiterin war nichts mehr übrig.

»Wir sollten sie heute Abend noch nicht auf das Handy in der Kiste ansprechen. Lasst uns erst mal abwarten, was mit ihr ist, oder?« Maja sah Pauline und Sophie fragend an.

»Du hast recht«, meinte Pauline nachdenklich. »Ich hatte mir zwar die ganze Zeit gewünscht, dass sie runterfliegt, und es vor dem Ausritt sogar noch laut gesagt. Aber so krass hätte es nicht sein müssen. Und jetzt tut sie mir echt leid. Verstehe ich gar nicht.«

An der Straße wartete Jan schon mit dem VW-Bus.

»Da seid ihr ja endlich«, rief er besorgt, als er die bedröppelte Truppe aus den Dünen auftauchen sah.

Pia rang sich trotz ihrer Schmerzen ein verlegenes Lächeln ab. Es war ihr offensichtlich peinlich, auf Donna geführt zu werden und der Grund für die Karawane zu sein.

»Hast du Tim nicht mitgebracht?«, fragte Britta.

»Ich habe ihn heute noch nicht gesehen. Keine Ahnung, wo er steckt. Ich schlage vor, dass ich Donna und Fratz nehme, und ihr zwei fahrt ins Krankenhaus.« Er half Pia ins Auto und lächelte sie aufmunternd an. »Wir haben gute Ärzte auf der Insel, keine Sorge.«

Pia nickte. Sie sah sehr blass aus. Dann schloss er die Wagentür, und Britta fuhr los. Maja gab Jan die Zügel von Fratz und Donna.

»Danke. Nach diesem kleinen Intermezzo darf ich die Damen bitten, wieder aufzusitzen. Wir reiten jetzt hoffentlich ohne weitere Zwischenfälle nach Hause.«

Kapitel 24

Fratz stand mit einem Verband in seiner Box und kaute zufrieden seinen Abendhafer. Er schien keine größeren Schmerzen zu haben und hatte den Sturz anscheinend gut überstanden.

Doktor Zühlke hatte sich das Bein gründlich angesehen. Zum Glück war es tatsächlich nur verstaucht.

»Das ist ein echter Fratz, dein Pony. Heckt immer etwas aus, oder? Bin schon gespannt, was er das nächste Mal macht … Du solltest ihn jetzt sechs bis acht Wochen schonen, bis er nicht mehr lahmt«, hatte er Pia im Beisein von Jan, Maja und den anderen erklärt. »Spazieren gehen darf er aber, und das solltest du mit ihm regelmäßig tun. Außerdem solltest du das Bein immer wieder kühlen, Umschläge mit essigsaurer Tonerde machen und gut mit dieser Salbe einreiben. Das ist etwas Homöopathisches und wirkt sehr gut. Dann kannst du langsam mit leichtem Longieren beginnen und dabei beobachten, wie er geht. Wenn er sicher tritt und überhaupt kein Lahmen mehr zu sehen ist, kannst du ihn wieder reiten. Falls du unsicher sein solltest, frag vorher noch mal einen Tierarzt.«

Pia selbst hatte es schlimmer erwischt. Bleich und mitgenommen saß sie mit gegipstem Arm in der Gutsküche beim Abendbrot und starrte auf ihren leeren Teller.

»Aber alles in allem hast du wirklich Glück im Unglück gehabt. Ein schöner glatter Bruch, hat der Arzt gemeint«, sagte Jan und lächelte Pia aufmunternd zu. »Fünf Wochen Gips, und dein Handgelenk ist wieder wie neu. Nur Reiten geht natürlich erst mal nicht.«

»Das finde ich gar nicht so schlimm«, sagte Pia leise. »Ich hab nur Angst, dass Fratz' Bein nicht mehr richtig heilt.«

»Wenn der gute alte Zühlke sagt, dass das schon wieder wird, dann wird das auch. Darauf kannst du dich verlassen«, brummte Jan und nahm sich eine dicke Scheibe Brot aus dem Korb.

Pia legte er auch eine auf den Teller.

»Soll ich es dir schmieren?«, fragte Maja vorsichtig.

Pia sah sie verblüfft an.

»Soll ich oder soll ich nicht?« Majas Frage klang schon zögerlicher. Sie hatte keine Lust auf eine von Pias arroganten Abfuhren und ärgerte sich, Pia überhaupt angesprochen zu haben.

»Danke … gern«, antwortete Pia stockend, und Maja fiel ein Stein vom Herzen.

»Mit Käse, Gurken und Senf?« Pia hatte bis jetzt jeden Abend diese Kombination gegessen, die Maja zuerst sehr seltsam fand. Dann hatte sie es auch ausprobiert und fand es ziemlich lecker.

Pia nickte. Maja belegte ihr das Brot und schob ihr den Teller hin.

»Kakao oder Limo?«

»Limo, bitte.«

Maja glaubte ihren Ohren nicht zu trauen. Das war ja eine völlig andere Pia, die da saß! Auch Pauline machte große Augen und verschluckte sich fast.

»Sag uns einfach, wie wir dir helfen können. Natürlich auch bei Fratz«, bot Britta Pia lächelnd an und goss sich schwarzen Tee in ihre Tasse.

Pia nickte wieder und sah verlegen auf ihr Käsebrot.

Plötzlich wurde die Tür aufgerissen, und eine völlig aufgelöste Frau Begemann stürzte herein.

»Ist Tim vielleicht hier? Er war den ganzen Tag nicht zu Hause, und gerade habe ich diesen Brief in seinem Zimmer gefunden.« Frau Begemann hielt Britta einen Zettel hin.

Die nahm ihn und las leise: *Liebe Mama, ich habe keine Lust, in den Ferien in der Pension zu helfen, und ich will auch nicht mehr auf Sven aufpassen müssen. Ich gehe weg. Mach dir keine Sorgen, ich melde mich bald wieder. Tim.* « Britta reichte den Brief sofort an Jan weiter. »Er ist abgehauen.«

Kapitel 25

Tims Mutter sah richtig verzweifelt aus. Es fiel Maja schwer, in ihr die strenge und aufgebrachte Frau zu sehen, die Tim gestern im Stall eine schallende Ohrfeige gegeben hatte.

»Er hat seinen Seesack mitgenommen, ein paar Hosen und Pullover. Und sein Geld aus der Spardose. Ich habe solche Angst, dass er mit der Fähre aufs Festland gefahren ist. Wenn ihm bloß nichts passiert ...« Frau Begemann schluchzte, und Britta nahm sie in den Arm.

»Jetzt setzen Sie sich erst mal, und wir überlegen gemeinsam, wo er sein könnte. Es ist nicht Tims Art, überstürzt zu handeln. Er stand bestimmt unter großem Druck. In der letzten Zeit war er auch so nachdenklich und ernst geworden. Ganz anders als früher.«

»Das kann sein«, meinte Frau Begemann leise. »Ich habe ihn seit einigen Wochen mehr rannehmen müssen. Die Pension ist ausgebucht, und die Frau, die mir sonst hilft, fällt schon länger aus. Sie wissen ja nicht, was es heißt, allein für alles verantwortlich zu sein. Seit mein Mann gestorben ist, arbeite ich von frühmorgens bis spät in die Nacht, und Sven, der Kleine, muss auch versorgt werden.« Sie schluchzte wieder, und Britta reichte ihr ein Taschentuch. Frau Begemann nahm es dankend und schnäuzte hinein.

»Ich habe in den Ferien total mit Tim gerechnet und ihn beim Frühstückmachen und Sven-Hüten eingeplant. Dazu hatte er aber keine Lust und ist immer ganz früh zu euch auf den Dünenhof gefahren. Wir haben uns deshalb in der letzten Zeit jeden Abend gestritten. Außerdem sollte er endlich etwas für die Schule tun, sein Zeugnis war eine einzige Katastrophe. Er hat natürlich nichts gemacht und ist trotz meines Verbots weiter zu euch gekommen. Gestern Abend habe ich ihm den Dünenhof endgültig verboten und ihm sogar eine Ohrfeige gegeben.«

Frau Begemann schluchzte wieder, und Maja hatte die Situation im Stall wieder deutlich vor Augen. Tim muss es zu Hause ziemlich sattgehabt haben, wenn er jetzt sogar abgehauen ist, dachte sie.

Während Frau Begemann, Britta und die anderen sich weiter unterhielten, stand Pia auf und ging zu Jan.

»Ich habe Tim heute vor dem Ausritt mit einem großen Sack in die Scheune gehen sehen«, begann Pia leise, aber gerade laut genug, dass Maja es hören konnte. »Weil er immer viel arbeitet und irgendwas rumschleppt, habe ich mir nichts dabei gedacht. Aber vielleicht ist er oben auf dem Heuboden. Da hat er sich nämlich ein kleines Lager eingerichtet.«

»Woher weißt du das?«, fragte Jan überrascht.

»Ich habe ihn dort schon ein paarmal raufklettern sehen. Irgendwann, als er nicht da war, bin ich da hoch. Ich wollte wissen, was da oben ist. Hinter einem großen

Stapel Heuballen habe ich dann seine gemütliche Ecke mit Matratze, Taschenlampe, Zeitschriften und Büchern entdeckt. Ich dachte, ihr wüsstet davon.«

»Nein, davon hatten wir keine Ahnung«, sagte Jan und erhob sich. »Danke, Pia. Ich sehe sofort nach.«

Es dauerte einige Zeit, bis Jan zurückkam.

»Frau Begemann, jetzt bitte keine Vorwürfe«, begann er und grinste verschmitzt. »Es gibt für alles eine Lösung, und wir können nachher darüber sprechen.«

Hinter ihm erschien zögernd Tims Kopf in der Küchentür. Frau Begemann stieß einen Freudenschrei aus, lief auf ihren Sohn zu und drückte ihn an sich.

»Dass du wieder da bist!«, rief sie und wischte sich ihre Tränen aus dem Gesicht.

»Hallo, Tim«, sagte Britta, und auch sie lächelte erleichtert. »Du hast uns einen schönen Schrecken eingejagt. Und einen aufregenden Ausritt hast du auch verpasst!« Sie deutete auf Pias Gipsarm.

Tim nickte. Jan hatte ihm kurz von dem Sturz berichtet.

Dann sah er seine Mutter an. »Tut mir leid, Mama«, sagte er zerknirscht und fuhr sich mit der Hand durch die Haare.

»Ist schon gut. Du brauchst dich nicht zu entschuldigen. Ich war unmöglich, und ich bin es, die sich bei dir entschuldigen muss.« Frau Begemann drückte Tim erneut an sich und schluchzte wieder, diesmal aber vor Glück.

»Nach all der Aufregung müssen Sie jetzt aber auch mit uns essen«, bestimmte Jan.

Frau Begemann nickte dankbar und setzte sich auf den Stuhl, den Jan ihr hinschob. Britta stellte ein weiteres Gedeck für sie auf den Tisch und schenkte ihr Tee ein.

Maja hatte Tims Mutter noch nie so glücklich und heiter gesehen, wie sie da neben Tim saß und mit Jan und Britta plauderte. Auch Tim wirkte zum ersten Mal richtig entspannt, und Maja war froh, dass er nicht auf große Fahrt gegangen war. Warum mussten Jungs aber auch immer gleich so extreme Maßnahmen ergreifen, anstatt zu versuchen, die Dinge mit Köpfchen zu klären.

Dann wanderte Majas Blick zu Pia. Auch sie hatte einen ganz anderen Ausdruck im Gesicht. Lange betrachtete Maja sie heimlich aus den Augenwinkeln und versuchte herauszufinden, was Pias Gesicht so verändert erscheinen ließ. Dann kam sie drauf: Das Abweisende und Arrogante war aus ihren Zügen verschwunden.

Kapitel 26

»Ich glaub es nicht – Pia redet mit mir! Ich habe ihr beim Umziehen geholfen, und sie hat sich bedankt. Pia hat sich bedankt! Könnt ihr euch das vorstellen? Ich bin echt platt.« Aufgeregt stürmte Pauline zu Sophie und Maja ins Zimmer, warf eine Packung Kekse aufs Bett und setzte sich auf die Bettdecke.

Es war schon nach zehn, aber sie waren alle drei so aufgewühlt von den Ereignissen des Tages, dass sie sowieso noch nicht schlafen konnten.

»Vielleicht steht sie nur unter Schock und ist morgen genauso ein unausstehliches Ekel wie vorher«, meinte Sophie skeptisch.

Maja schüttelte den Kopf. »Glaube ich nicht. Es ist so, als wäre sie jetzt sie selbst und als hätte sie vorher nur die eklige Pia gespielt. Ich könnte glatt vergessen, dass mein Handy in ihrer Kiste liegt. Aber das tue ich natürlich nicht. Morgen werde ich mit ihr reden.«

Es klopfte. Überrascht sahen sich die drei an. Britta machte normalerweise einfach die Tür auf, wenn sie zum Lichtausmachen kam.

»Herein«, rief Maja.

Vorsichtig wurde die Tür geöffnet, und Pia stand im Türrahmen. Sie hatte eine Tüte Chips in der Hand. Unsicher trat sie von einem Bein aufs andere.

Maja, Pauline und Sophie starrten sie an, als hätten sie eine Außerirdische vor sich.

»Kann ich mit euch sprechen?«

»Äh … klar. Komm rein.« Maja hatte sich als Erste von ihrem Erstaunen erholt und machte auf ihrem Bett Platz. Zögernd setzte Pia sich zu ihr.

»Ich …«, begann sie. »Ich … also …«

Sie sah auf die Flickenteppiche und zog mit ihrem Fuß kleine Kreise in der Luft.

»Ich … Euch fehlen doch Sachen …« Wieder verstummte sie. Dann holte Pia tief Luft und sah den Mädchen nacheinander fest in die Augen. »Ich habe sie genommen. Sie sind in meiner Kiste in der Futterkammer. Es tut mir total leid. Ich …« Pia fing an zu weinen und senkte wieder den Kopf.

Maja, Sophie und Pauline staunten. Damit, dass Pia es ihnen selbst sagen würde, hätten sie niemals gerechnet. Pauline konnte nicht anders, und ein kurzes triumphierendes Lächeln huschte über ihr Gesicht.

Maja sah Pia von der Seite an. »Wir wollten deswegen schon heute Abend mit dir reden. Aber dann ist das mit deinem Arm passiert. Echt toll, dass du es uns selbst sagst.«

»Ja, voll mutig von dir.« Sophie stand auf und setzte sich zu Maja und Pia aufs andere Bett. Pauline überlegte einen Augenblick. Dann zog sie ein Taschentuch aus ihrer Hose und reichte es Pia.

Die schniefte laut hinein und zog einen Schlüssel aus ihrer Hosentasche. »Ist alles in meiner Kiste in der Sattelkammer. Auch deine zwanzig Euro, Sophie«, sagte sie leise.

»Wissen wir schon.« Maja erzählte, wie sie darauf gekommen waren, und als sie geendet hatte, sah Pauline Pia fragend an.

»Aber mich würde mal interessieren, wieso du nur einen Sportschuh geklaut hast?«

»Bei zwei Schuhen wäre doch sofort klar gewesen, dass jemand sie genommen hat. Du solltest denken, Troll hätte ihn verschleppt. Das hast du ja auch.«

»Allerdings. Ganz schön ausgebufft von dir. Und warum hast du das alles gemacht?«

Pia starrte wieder auf den Boden und schwieg eine Weile.

»Ach … ich weiß auch nicht«, sagte sie dann fast unhörbar und wischte sich mit dem Handrücken über ihre Wange.

»Okay, dann stoßen wir jetzt erst mal darauf an, dass du … na, dass du einfach da bist!« Maja riss die Chipstüte auf, und Pauline schenkte Eistee in die Gläser, die Sophie schon auf den Nachttisch gestellt hatte.

»Verschwörung oder so?«

Überrascht drehten sich alle zur Tür. Sie hatten gar nicht bemerkt, dass Britta ins Zimmer gekommen war. Sie schien verblüfft zu sein, dass die Mädchen so einträchtig auf den Betten saßen.

»So was Ähnliches«, sagte Maja und grinste.

»Na, ihr scheint euch ja bestens zu verstehen. Aber was immer es ist – könntet ihr damit bitte morgen weitermachen? Es ist schon nach elf. Pauline und Pia bewegen sich jetzt bitte wieder nach unten. Gute Nacht, ihr Amazonen.«

Kapitel 27

Am nächsten Morgen saß auch Tim wieder mit am Frühstückstisch. Er hatte seine Mutter gestern Abend noch gefragt, ob er wieder auf dem Dünenhof übernachten durfte, und sie war einverstanden gewesen.

»Kann ich dich mal was fragen?« Maja saß neben ihm und strich sich betont cool Nugatcreme aufs Brötchen.

»Klar«, antwortete Tim.

»Bist du eigentlich sauer auf Pia, dass sie Jan gesagt hat, wo du warst?«

»Nö, überhaupt nicht.« Tim biss in sein Marmeladenbrötchen und trank einen Schluck Tee. »Als ich mich morgens in die Scheune verzogen hab, war ich noch fest davon überzeugt, dass ich heute mit der ersten Fähre aufs Festland und dann nach Hamburg zu Onkel Knut fahren würde. Ich hatte es so satt, ständig von meiner Mutter für die Pension verplant zu werden. Oben auf dem Heuboden fand ich es dann gar nicht mehr so verlockend, allein abzuhauen. Ich bin mir auch nicht sicher, ob das Geld gereicht hätte. Jetzt finde ich gut, wie sich alles ergeben hat.« Er biss wieder in sein Brötchen.

Maja war über Tims lange und ehrliche Antwort verblüfft. Das hatte sie gar nicht erwartet.

Jan kam mit einer Tasse Kaffee und einem Brötchen in der Hand zu ihnen.

»Kann ich kurz mit dir sprechen, Tim?«

»Klar, ich bin sowieso fertig.«

»Ich habe gestern Abend noch länger mit deiner Mutter telefoniert und ihr vorgeschlagen, mit dir täglich eine Stunde Englisch und Mathe zu üben. Aber erst in den letzten drei Wochen der Ferien, damit du auch freie Zeit hast und die Schule komplett aus dem Kopf kriegst. Dafür sind Ferien schließlich da.«

»Und was meint meine Mutter?«

»Sie ist einverstanden. Sie ist so froh, dass du nicht abgehauen bist, und bemüht sich um eine feste Aushilfe für die Pension. Außerdem hat sie erlaubt, dass du die ganzen Ferien über hier wohnen kannst, wenn du willst. Herrje …« Jan hatte gar nicht gemerkt, dass der Honig von seinem Brötchen langsam auf die Bank getropft war. Er nahm eine Serviette und wischte den Fleck, so gut es ging, weg.

Tim starrte Jan ungläubig an. »Das hat sie gesagt? Mannomann, das hätte ich nie gedacht!« Vor Freude wurde er ganz rot. »Danke! Danke, dass du mit ihr geredet hast.«

»Gern geschehen. Aber wir üben die letzten drei Wochen wirklich. Von mir aus können wir Futtermengen multiplizieren, wieder auf die Pferde verteilen und Englisch mit ihnen sprechen. Hauptsache, wir machen Mathe, und du kriegst ein paar mehr Vokabeln in deinen Schädel. Das habe ich deiner Ma versprochen, und das halten wir auch.«

»Worauf du dich verlassen kannst«, sagte Tim strahlend.

Vor der nächsten Reitstunde kam Pia zu Maja ins Zimmer und gab ihr das Handy zurück.

»Tut mir echt leid«, sagte sie kaum hörbar und sah verlegen auf den Boden.

»Schon okay.« Maja nahm das Handy und steckte es in ihre Hosentasche. Sie war froh, dass sie es wiederhatte, aber noch mehr freute sie sich darüber, dass sie Pia gegenüber jetzt so locker war und sich mit ihr sogar richtig wohlfühlte. Und dass es den anderen genauso ging.

»Jetzt habe ich ein richtig schlechtes Gewissen, weil wir Tim verdächtigt haben«, meinte Pauline, nachdem Pia ihr den Schuh und Sophie das Geld zurückgegeben hatte.

Maja, Sophie, Pia und sie saßen im Strandkorb und auf Liegestühlen im Bauerngarten und aßen Schokolade, die Pia spendiert hatte.

»Tim?«, fragte Pia überrascht.

»Ja. Für uns kamen nur er oder du als … Scherzkeks infrage.«

Pia schluckte. »Daran habe ich überhaupt nicht gedacht. Ihm habe ich doch auch einen Kugelschreiber geklaut.«

Maja bekam Kulleraugen. »Aus seiner Jacke?«

Verschämt senkte Pia wieder den Blick und nickte.

Maja sah Sophie an. »Dann hat er seinen Kuli gesucht«, sagte sie, und Sophie nickte.

»Hast du ihm den schon wiedergegeben?«

»Nee. Ich trau mich nicht. Tim findet mich doch sowieso so blöd. Ich wollte ihm den Kuli heimlich wieder in die Jacke stecken.«

»Tja, es war nicht schwierig, dich blöd zu finden. Aber das ist ja jetzt Schnee von gestern. Und das mit dem Kuli kriegen wir auch noch hin«, sagte Maja. Sie nahm sich noch ein Stück Schokolade, stand auf und zog Pia mit sich.

Tim war bei Lord und fettete ihm gerade die Hufe ein. Überrascht sah er hoch, als Maja und Pia neben ihm auftauchten. Pia erzählte stockend die Geschichte von den Diebstählen. Mit wachsendem Staunen über die völlig verwandelte Pia hörte Tim zu.

»Und ich dachte wirklich, ich hätte den Kuli verloren. Obwohl das fast unmöglich ist, weil ich so auf ihn aufpasse. Das ist nämlich nicht irgendein Kuli … Den hat mein Vater mir geschenkt. Aber nachdem ich dreimal alle meine Jacken und Hosen durchsucht hatte, war klar, dass ich ihn verloren haben musste. Auf etwas anderes bin ich auch gar nicht gekommen. Kann ich ihn dann jetzt wiederhaben?«

Pia zog den Kuli aus ihrer Reithose und reichte ihn Tim.

»Danke«, sagte Tim nur und steckte ihn in seine Hose.

Maja lächelte. Und als auch Tim grinste, lächelte Pia befreit zurück.

Kapitel 28

Nachmittags ging es statt in die Reithalle jetzt auch für Maja oft ins Gelände, und meistens führte Tim die Ausritte an. Er war sehr verantwortungsbewusst, sah sich oft um und fragte immer, ob alles in Ordnung sei.

Maja freute sich auf jeden Ausritt, und Niko war auch immer sehr brav. Manchmal ließ Maja ihn sogar ein wenig schneller werden, achtete aber immer darauf, dass sie kein Pferd überholte und dass er sofort auf ihre Paraden reagierte. Die Erinnerung an die Raserei am Strand steckte ihr noch in den Knochen. So etwas wollte sie auf keinen Fall ein zweites Mal erleben, also ritt sie entsprechend vorsichtig.

Manchmal dachte Maja daran, dass die Ferien auf dem Dünenhof bald zu Ende waren, und das machte sie immer ganz traurig. Besonders der Gedanke an den Abschied von Niko machte ihr zu schaffen. Sie konnte sich gar nicht vorstellen, dass sie ihn nur noch ein paar Tage als Pflegepony hatte. Pauline und Pia hatten für die Herbstferien schon wieder gebucht, und Maja wollte ihre Eltern auch fragen, ob sie in dieser Woche wieder auf den Dünenhof kommen durfte.

Während der Reitstunden saß Pia jetzt meistens auf der Tribüne und sah zu. Von ihrer Verächtlichkeit und Arroganz war nichts mehr zu spüren, und Maja wunderte sich immer wieder darüber, wie anders Pia jetzt war.

Pia brachte Maja auch bei, wie man ein Pony longierte, und Maja durfte Fratz unter ihrer Anleitung sogar allein an der Longe bewegen. Dabei stellten sie fest, dass er kaum noch lahmte.

»Das ist mir gestern Abend beim Spazierenführen auch schon aufgefallen«, sagte Pia. »Trotzdem werde ich ihn noch ein paar Wochen schonen und vorher lieber einen Arzt fragen, bevor ich ihn wieder reite«, meinte sie und streichelte sanft über Fratz' Fessel.

Pia hatte Britta auch gefragt, ob sie ab und zu mal eine Reitstunde geben dürfte, und Britta hatte nichts dagegen. Zunächst waren zwar alle etwas skeptisch, aber dann staunten sie darüber, wie gut Pia unterrichtete. Sie erklärte geduldig, korrigierte, wo es nötig war, und lobte auch viel.

Als Maja nach einer anstrengenden Stunde mit hochrotem Kopf von Niko abstieg und ihn klopfte, kam Pia zu ihr.

»Ich finde, dass du hier viel gelernt hast. Wenn du in Bremen wohnen würdest, dann könntest du Fratz öfter bewegen. Ihr würdet bestimmt gut miteinander klarkommen«, sagte sie.

Maja freute sich über Pias Kompliment. Besonders deshalb, weil Pia früher immer so herablassend zu ihr gewesen war.

Pia war jetzt auch immer dabei, wenn sie zum Strand oder ins Dorf gingen. Sie redete und lachte beim Essen, und vor dem Schlafengehen trafen sie sich bei Keksen und Eistee auf einem der Zimmer.

An einem dieser Abende war Pia wieder schweigsamer. Sie nahm ihr Glas Eistee, sah auf den Boden und malte langsam mit den Fußspitzen kleine Kreise in die Luft.

»Ich würde euch gern erzählen, warum ich so blöd und komisch war.« Sie stockte und pustete sich die Haare aus der Stirn. Dann fuhr sie fort: »Es fing damit an, dass ich mich in diesem Jahr so auf den Urlaub mit meinen Eltern gefreut hatte. Wir sehen uns selten, weil sie als Architekten immer irgendwo im Ausland unterwegs sind. Ich habe auch lange mit ihnen in Amerika gelebt. Aber vor einem Jahr bin ich zu meinen Großeltern nach Bremen gezogen, weil meine Eltern fanden, dass ich auf ein deutsches Gymnasium gehen sollte. Meine Großeltern sind total okay. Sie haben mir auch Fratz geschenkt.« Pia dachte einen Augenblick nach und strich sich die Haare aus dem Gesicht.

Maja hörte ihr so gespannt zu, dass sie vergaß, den Keks zu essen, den sie sich schon genommen hatte. Langsam schmolz die Schokolade zwischen ihren Fingern.

»Egal. Ich freute mich also auf die Sommerferien, und dann sagten meine Eltern mir kurz vorher, dass sie jetzt doch nicht kommen könnten und ich auch nicht zu ihnen fahren kann, weil wieder so ein großes Projekt dazwischengekommen sei. Ich war so sauer und wütend. Meine Großeltern schlugen mir vor, doch hierher zu fahren. Dann wäre ich unter Gleichaltrigen und so weiter. Ich hatte im letzten Jahr mit ihnen auf der Insel Urlaub gemacht, und dabei haben wir den Dünenhof entdeckt. Eigentlich hatte ich überhaupt keine Lust mehr, noch wegzufahren, habe es ihnen zuliebe aber dann doch gemacht. Dass ich Fratz mitnehmen konnte, war natürlich super. Na ja, den Rest kennt ihr.«

»Aber du hast immer noch nicht gesagt, warum du so blöd zu uns warst«, meinte Sophie und nahm sich einen neuen Keks. »Wir haben dir doch überhaupt nichts getan.«

Pia trank einen Schluck Tee und sah Sophie an. »Ihr habt euch alle von Anfang an so gut verstanden, und ich habe mich sofort ausgeschlossen und allein gefühlt. Mich finden immer alle doof. Auch in der Schule. Und hier habe ich mir erst gar keine Mühe gegeben.«

»Hat man gemerkt. Du warst so eingebildet, dass man keine Lust mehr hatte, dir überhaupt über den Weg zu laufen. Wenn ich dich nur gesehen hab, hätte ich dir am liebsten in den Hintern getreten.« Pauline machte eine deutliche Bewegung mit dem Fuß, und alle lachten.

»Stimmt total. Und an mir bist du beim ersten Mal einfach wortlos vorbeigerauscht, obwohl ich Hallo zu dir gesagt hatte«, fügte Maja hinzu. Erst jetzt fiel ihr der Keks in ihrer Hand wieder ein. Schnell aß sie ihn auf, leckte ihre Finger ab und nahm sich den nächsten.

»Ich weiß. Das tut mir echt leid.« Pia knabberte an ihren Fingernägeln und sah immer noch auf den Boden.

Maja reichte ihr die Keksschachtel. »Probier mal. Schmeckt besser als Fingernägel«, sagte sie.

Pia grinste und nahm sich den letzten.

»Aber was ich überhaupt noch nicht kapiere – warum hast du geklaut? Es kann dir doch nicht um das Handy, die Schuhe oder die zwanzig Euro gegangen sein, oder?«, wollte Sophie wissen.

Pia schwieg, und auch die anderen sagten lange nichts. Gerade als Maja die unangenehme Stille mit einer lustigen Bemerkung durchbrechen wollte, antwortete Pia doch noch.

»Das kann ich auch nicht richtig erklären. Ich wollte euch irgendwie ärgern, und da bin ich auf die Idee gekommen, Sachen wegzunehmen. Ehrlich gesagt, ich habe überhaupt nicht weiter nachgedacht. Auch nicht daran, dass ihr jemand anderen verdächtigen könntet. Oder dass ihr das Handy findet, wenn ihr es anruft. Und dass es auch jemand anderes in der Kiste hätte hören können ... Ich habe so was vorher noch nie gemacht. Und ich habe nicht vor, es noch mal zu tun.«

Sie hatte ganz leise gesprochen und den letzten Satz fast nur noch geflüstert. Es dauerte eine ganze Weile, bis Pia Maja wieder ansah.

»Und wir dachten, du hast ein paar Schrauben locker und tickst nicht richtig. Aber wahrscheinlich bist du doch ziemlich in Ordnung. Du musstest wohl nur mal vom Pferd fallen, damit wir es merken und du selbst es auch mitkriegst«, grinste Maja und klopfte vorsichtig auf Pias Gips.

Kapitel 29

Maja und Pauline sonnten sich an der Stallwand. Sie hatten Jan gefragt, ob sie den Strandkorb aus dem Bauerngarten holen und vor den Stall stellen durften. Es war viel gemütlicher, in der Nähe des Pferdestalls zu sitzen und das zufriedene Schnauben und Rascheln der Ponys zu hören. Außerdem schien die Sonne am Nachmittag genau dorthin.

Jan hatte nichts dagegen gehabt. »Stellt ihn aber bitte irgendwann wieder zurück«, hatte er nur gemeint.

Tim saß auf einem gelb-weiß gestreiften Klappstuhl und las ein englisches Buch. Pia hatte ihm zwei Bücher geliehen, als sie mitgekriegt hatte, dass er mit Englisch Probleme hatte.

»Wenn du Fantasy magst, dann könntest du es mal hiermit versuchen«, hatte sie gesagt. »*Die Chroniken von Narnia* sind richtig spannend und leicht zu lesen. Ein paar Vokabeln habe ich reingeschrieben, du kannst mich aber auch fragen, wenn du etwas nicht weißt.«

Tim staunte, wie gut er die Geschichte verstand. Noch mehr wunderte er sich aber darüber, dass ihm das Lesen allmählich Spaß machte.

»Soll ich dir was sagen, Tim?«, fragte Pauline plötzlich mit geschlossenen Augen.

»Hmmm?«

»Ich finde, dass du dir Jans Nachhilfestunden mit deiner Arbeit auf dem Dünenhof richtig verdient hast. Das kannst du deiner Mutter mal verklickern: Du treibst dich nicht im Stall rum, sondern schuftest für Nachhilfe. Das wird sie bestimmt beeindrucken.«

Tim sah auf seine Uhr, klappte das Buch zu und stand auf. »Gute Idee. Und höchste Zeit, die Ponys reinzuholen. Kommt ihr mit?«

Verdutzt blinzelten Maja und Pauline einander an. Das hatte Tim sie noch nie gefragt! Sonst war er immer allein gegangen oder nicht mitgekommen, wenn sie die Pferde holten.

»Aber gern, klar doch!«, rief Maja. »Es wird mir hier langsam sowieso viel zu heiß.«

Sie sprangen auf und liefen mit Tim zu den Koppeln.

»Alle mal herhören!« Jan schlug mit einem Löffel an seine Teetasse und räusperte sich. »Das Beste kommt immer zum Schluss, und deshalb haben wir uns noch eine Überraschung für euch aufgehoben.«

»Die hatte ich ja schon ganz vergessen!«, rief Maja und vergaß vor Neugier fast den Nachtisch. Es gab ihren Schokoladenpudding, und wenn diese Überraschung nur halb so toll wäre wie die, die sie hierhergebracht hatte, dann war sie immer noch super.

»Bestimmt dürfen wir die Ponys mit nach Hause nehmen, oder? Genial, danke! Aber das wäre wirklich nicht

nötig gewesen.« Keck legte Maja den Kopf zur Seite, und alle lachten.

»Nein, die Ponys müsst ihr uns schon hierlassen«, erwiderte Britta schmunzelnd. »Aber morgen reitet ihr das große Dünenhof-Sommerturnier!«

Einen kurzen Augenblick war es still. Dann brach ein Sturm von Fragen über Britta und Jan herein.

»Wow, krass! Ein Turnier! Was machen wir denn da?«

»Müssen wir den Pferden Zöpfchen flechten?«

»Mit Springen? Oder nur Dressur?«

»Aber ich bin erst so selten gesprungen!«

Nur Maja saß stumm auf ihrem Platz. Britta hatte bestimmt die anderen gemeint. So gut konnte sie doch noch gar nicht reiten, dass sie bei einem Turnier hätte starten können.

»Und was mache ich in der Zeit?«, fragte sie schließlich verzagt.

»Na, mitreiten und Spaß haben, was denn sonst?« Jan klopfte ihr aufmunternd auf die Schulter.

»Wir haben es euch erst heute gesagt, weil ihr euch sonst zwei Wochen lang verrückt gemacht hättet, und das wäre absolut überflüssig gewesen. Es werden völlig entspannte Reiterspiele sein. Bei denen ihr natürlich tolle Sachen gewinnen könnt. Der Hauptpreis –«

»Pssst, Britta! Noch nicht verraten!«, rief Jan dazwischen.

Erschrocken hielt sich Britta die Hand vor den Mund. »Ups, stimmt. Also, was es zu gewinnen gibt, erfahrt ihr morgen vor dem Turnier. Aber anstrengen lohnt sich! Heute Nachmittag wird Sattelzeug geputzt und eingefettet.

Und nach der Reitstunde hängt Jan das Turnierprogramm mit Zeiten, Gruppen und allen Infos im Ponystübchen auf.«

Maja sah immer noch leicht verzweifelt aus. Pia setzte sich zu ihr.

»He, das schaffst du schon. Reiterspiele machen total Spaß!«

»Sowieso«, bestätigte Jan. »Und wer einen so außerordentlichen Pudding fabrizieren kann, ist morgen garantiert auf der sicheren Seite. Nachtisch, der allen schmeckt, ist hundertmal schwieriger als das, was du morgen können musst. Nur Mut, Maja, das packst du. Und das Rezept von diesem göttlichen Pudding musst du mir unbedingt noch geben!«

Jan kratzte genüsslich den Rest Schokoladencreme aus seinem Schälchen und lehnte sich dann entspannt zurück.

Maja nickte. »Ich schreibe es dir auf. Es ist zwar ganz leicht, aber man muss ein paar wichtige Sachen beachten.«

»Die Küchenfee bedankt sich herzlich. Übrigens könnten Tim und ich noch Unterstützung beim Parcours-Aufbau auf der Wiese hinter der Reithalle gebrauchen. Freiwillige bitte nach dem Abräumen bei uns melden.«

Kapitel 30

Am Nachmittag schlug das Wetter um. Zuerst regnete es nur leicht, aber dann kamen Wolkengüsse vom Himmel. Jan wollte die Entwicklung des Wetters noch abwarten. »Wenn es bis zum Abend so weiterregnet, wird das Turnier in der Halle stattfinden«, meinte er.

Britta hatte weiße Schabracken in die Sattelkammer gebracht.

»Damit die Ponys morgen richtig elegant aussehen und auch wissen, dass sie sich für euch anstrengen müssen«, sagte sie und zeigte ihnen, wie man die Satteldecken austauschte.

Als sie mit Putzen und Einfetten des Lederzeugs fertig waren, wurde in der Reitstunde Springen geübt. Maja und Dörte waren die Einzigen, die noch nie richtig gesprungen waren, aber trotzdem machten alle die gleichen Übungen.

Erst ging es im Schritt und Trab über Stangen, die am Boden lagen. Dann über ein Cavaletti. Und schließlich sollten sie im Galopp darüberspringen. Maja fürchtete sich ein wenig.

»Keine Angst«, meinte Britta. »Für Niko ist das nichts weiter als ein erweiterter Galoppsprung. Stell dir einfach

vor, du hättest ihn bereits hinter dir, dann geht es ganz leicht. Niko macht das schon.«

Alle Ponys sprangen brav. Als Maja an der Reihe war, atmete sie tief durch, galoppierte in ruhigem Tempo auf das Cavaletti zu, und Niko nahm den kleinen Sprung ganz leicht. Nachdem Maja dreimal darübergeritten war, hatte sie ihre Angst komplett überwunden. Niko schien es Spaß zu machen, und auch Maja gefiel das Springen allmählich richtig gut.

Glücklich stieg sie nach der Stunde ab und bedankte sich bei Niko, dass er sie so brav über ihre ersten Sprünge getragen hatte. Es war ein tolles Gefühl, auch schon gesprungen zu sein, und sie fühlte sich wie eine sehr fortgeschrittene Reiterin.

Als sie die Pferde abgesattelt und in den Boxen versorgt hatten, drängten sich alle um die Tür zum Ponystübchen, an die Jan inzwischen das Turnierprogramm geheftet hatte.

»Aha, Geschicklichkeitsrunden für alle in Mannschaften. Sophie, Dörte und Pauline gegen Maja, Isabel und Tim. Bin gespannt, was ihr machen müsst. Schade, ich wäre so gern mitgeritten, und Fratz hätte es bestimmt auch riesigen Spaß gemacht. Er liebt Wettbewerbe.« Bedauernd betrachtete Pia ihren Arm.

»Es ist zwar gemein, aber … für uns ist es prima, dass du nicht dabei bist. Du hättest bestimmt den ersten Platz gemacht. So haben wir wenigstens eine Chance. Drück uns eben einfach die Daumen. Das haben wir bei dir sowieso noch gut.« Pauline grinste Pia an und knuffte sie vorsichtig mit ihrem Ellenbogen in die Seite.

Kapitel 31

Der nächste Tag begann mit strahlendem Sonnenschein und einem ausgiebigen Frühstück. Es hatte schon am Abend vorher zu regnen aufgehört, und damit stand fest, dass das Turnier draußen stattfinden sollte. Jan servierte Rühreier mit Krabben auf Toast, und Maja, Pauline, Tim und Sophie häuften sich begeistert große Portionen auf ihre Teller.

»Das ist jetzt keine Zickerei, aber ich mag einfach keine Krabben«, sagte Pia und zuckte entschuldigend mit den Schultern. Alle lachten.

Als Maja Pia gerade ein Brötchen schmieren wollte, brachte Jan noch eine Portion ohne Krabben, worüber Pia sich riesig freute.

Nach dem Frühstück striegelten alle ihre Ponys auf Hochglanz. Niko hatte in der Nacht in einem Pferdeapfel gelegen, und Maja musste ihn richtig abwaschen. So dreckig war er in der gesamten Zeit nicht gewesen. Und weil sie schon mal dabei war, wusch sie seinen Schweif und die Mähne gleich mit.

Dann rief Britta alle zu Fratz und zeigte in der Stallgasse, wie man die Mähne einflocht. An ihm ließ es sich

besonders gut vorführen, weil seine Mähne sehr lang war.

Auch für Tim war das neu. Er hatte bisher noch nie ein Pferd für ein Turnier hergerichtet und sah interessiert zu.

Als die Mädchen und er dann die Ponys frisieren sollten, war Pia überall zur Stelle, wo jemand Hilfe brauchte oder eine Frage hatte. Pia hatte nämlich als Einzige schon öfter an richtigen Turnieren teilgenommen und wusste, worauf man achten musste.

Kurz vor zehn versammelten sich alle an der großen Koppel und gingen mit Britta den Parcours ab, den Jan mit Tim und Dörte noch am Vorabend aufgebaut hatte. Er bestand aus einem großen Viereck, das in vier Abschnitte unterteilt war. Zunächst ging es hundert Meter geradeaus bis zum Eckpfosten. Der nächste Abschnitt bestand aus einer Slalomstrecke mit insgesamt sechs Pfosten. Hier konnte man höchstens traben. In der nächsten Ecke sollte man im Trab einen großen Zirkel reiten, wieder angaloppieren, und dann ging es auch schon Richtung Ziel. Allerdings waren auf diesem Stück noch zwei kleine Cavalettis zu überspringen.

»Vor allem bei der Slalomstrecke dürft ihr nicht zu schnell werden, sonst lasst ihr wahrscheinlich Pfosten aus, das gibt Punkteabzug. In der zweiten Runde müsst ihr versuchen, einen Hut, eine Jacke und eine Tasche an die zweite, vierte und sechste Stange zu hängen. In welchen Gangarten ihr das macht, bleibt euch überlassen. Aber wieder zählt die Zeit. Und zum Schluss reitet ihr in einem leicht umgebauten Parcours. Dann stehen auf dem

ersten Abschnitt schon zwei Cavaletti, und der Zirkel an der vorletzten Ecke fällt weg. Dafür müsst ihr auf der Zielgeraden noch einen kleinen Oxer springen, der genauso hoch ist wie das doppelte Cavaletti, das ihr gestern schon gesprungen seid. Alle Zeiten zählen sowohl für das Mannschafts- als auch für das Einzelergebnis. Sieger ist, wessen Mannschaft alles in der kürzesten Zeit mit möglichst wenig Fehlern reitet. Einzelsieger wird, wer bei allen Durchgängen die besten Zeiten mit den wenigsten Fehlern erreicht«, erklärte Britta.

Maja war angesichts des bevorstehenden Turniers total aufgeregt und knabberte ununterbrochen an ihrer Unterlippe. Vor allem, wenn sie an die Sprünge dachte, wurde ihr mulmig. In der Halle hatte es gut geklappt, aber auf der Wiese und unter Zeitdruck? Und dann sollte sie sogar noch für eine Mannschaft reiten!

Aber schließlich war das Springen mit Niko gestern auch gut gegangen, und was hatte sie für eine Angst davor gehabt! Zum Schluss hatte sie es sogar richtig gut gefunden und hätte gern noch weitergemacht! Und Niko würde sie bestimmt nicht im Stich lassen.

Nach dem Mittagessen wurden Reithelme gebürstet, Stiefel geputzt und die sauberen Reithosen angezogen, für die es am Vortag noch einen Extrawaschgang gegeben hatte.

Pia lieh Maja ihre weiße Reithose und meinte, dass sie darin wie eine richtige Turnierreiterin aussehen würde.

Maja hatte sich mit der Hose und den Stiefeln noch mal in ihr Zimmer geschlichen und vor dem Spiegel im Schrank angeschaut. Sie fand sich auch toll darin. Ob sie

irgendwann mal ein richtiges Turnier reiten würde und dann auch so eine edle weiße Reithose hätte? In diesem Augenblick wünschte sie es sich sehr und beschloss, sich bei den Reitstunden noch mehr ins Zeug zu legen.

Dann rannte sie wieder hinaus und machte mit den anderen die Ponys fertig.

»Du siehst wie ein echtes Turnierpony aus!«, rief Maja begeistert, als Niko schneeweiß, mit rot eingeflochtener Mähne und seidigem Schweif unter dem blitzblanken Sattelzeug vor ihr stand. Stolz präsentierte sie ihn im Hof, und alle fanden, dass er großartig aussah.

Kapitel 32

Fertig gesattelt führten sie die Pferde zum Turnierplatz. Britta und Jan waren schon dort und saßen an einem kleinen Tisch am Rand der Wiese. Britta hatte einen Block vor sich, und Jan überprüfte die Stoppuhr. Die Ponys glänzten in der Sonne um die Wette und sahen in ihrer Turnierausstattung richtig edel aus.

Britta begrüßte alle ungewohnt förmlich, überprüfte nochmals das Sattelzeug, während Jan die Namen aufrief.

»So, und damit ihr euch heute auch richtig anstrengt, sagen wir jetzt, was es zu gewinnen gibt.« Jan blickte in sechs Augenpaare, die ihn voller Neugierde ansahen.

»Der vierte bis sechste Preis ist jeweils ein spannendes Pferdebuch. Als dritten Preis gibt es ein Pferdehalfter aus Leder. Man weiß ja nie, ob man nicht doch mal ein eigenes Pony hat. Der zweite Preis ist ein Abonnement für eine Pferdezeitschrift, und der erste Preis ist ...«, Jan machte eine kleine Pause und sah lächelnd in die gespannten Gesichter, »... ein einwöchiger Lehrgang für den Reiterpass auf dem Dünenhof! Der oder die Gewinnerin kann ihn bereits in den nächsten Herbstferien einlösen.«

»Wow«, meinten Maja und Pauline wie aus einem Mund. Auch die anderen staunten und fanden alle Preise super, den ersten natürlich besonders.

»Wir haben uns schon gedacht, dass wir euch damit motivieren können, euer Bestes zu geben. Ich darf dann die erste Gruppe – Sophie, Dörte und Pauline – bitten, sich hinter der Startlinie bereitzuhalten. Erste Reiterin ist Sophie auf Svala.«

Britta und Jan setzten sich an den Tisch, und Jan gab Sophie ein Zeichen. Sie ritt mit Svala auf die Wiese, grüßte vor dem Richtertisch und ging im Schritt zum Start.

Jan bimmelte das Glöckchen und drückte gleichzeitig auf die Stoppuhr.

Sofort sauste Sophie los. Bis auf zwei ausgelassene Slalomstangen kam sie fehlerfrei durch und wurde im Ziel mit viel Applaus empfangen.

Maja fand, dass Sophie Svala für das schnelle Tempo super durch den Slalom geritten hatte, und fragte sich, ob sie Niko überhaupt im Trab durch die Stangen lenken konnte.

»Sehr gut, danke. Nächste Reiterin: Dörte.«

Auch Dörte machte ihre Sache gut, allerdings verweigerte Boy einmal, und sie musste das letzte Cavaletti erneut anreiten. Beim zweiten Mal klappte es problemlos.

Dann war Pauline an der Reihe. Sie parierte Charly an einigen Stellen durch und ritt insgesamt sehr langsam, weil sie seine Neigung zum Durchgehen kannte. Aber dafür wurde es auch ein fehlerfreier Ritt.

»Das war ein guter Durchgang. Vielen Dank. Dann bitte ich die zweite Mannschaft, sich bereit zu machen. Tim,

Maja und Isabel.« Britta machte sich Notizen und sah dann zu Tim hinüber. Jan bimmelte wieder das Glöckchen.

Tim ritt an, grüßte und ließ Lord angaloppieren. Er meisterte die Runde mit aller Gelassenheit, was auch niemand anders erwartet hatte.

»Fehlerfrei«, sagte Britta, als Tim und Lord durch das Ziel galoppierten. Wie alle Reiterinnen vor ihm erhielt auch er viel Applaus.

Für Isabel lief es nicht so gut. Cremello patzte bei zwei Stangen und ließ sich partout nicht über die Cavaletti reiten. Entnervt gab sie auf und kehrte enttäuscht zu den anderen zurück. Sie weinte fast, als sie abstieg, und Pia tröstete sie.

Dann war Maja an der Reihe.

»Toi, toi, toi – du schaffst das«, flüsterte Pia ihr zu und hielt den rechten Daumen in die Höhe.

Maja nickte unsicher und ritt auf die Wiese. Vor dem Richtertisch parierte sie zum Halten durch, grüßte, und als Jan das Glöckchen bimmelte, sprang Niko sofort in Galopp. Trotz des schnellen Tempos ließ er sich leicht von ihr führen und reagierte auf die kleinsten Hilfen. Einwandfrei ließ er sich vor den Slalomstangen zum Trab durchparieren, und Maja lenkte ihn geschickt durch die Stangen, ritt dann einen einwandfreien Zirkel, bevor sie ihn auf der Zielgeraden wieder angaloppierte. Vor den Cavalettis legte Niko noch einmal richtig zu. Maja ließ ihn laufen und vertraute darauf, dass er wieder so problemlos wie gestern springen würde. Er tat es, und dann war sie auch schon im Ziel.

»Das ist bis jetzt die beste Zeit und dazu noch fehlerfrei! Gratulation.« Britta, Jan und die anderen applaudierten laut. Pia jubelte und hielt immer noch den gedrückten Daumen hoch.

Maja war es fast ein bisschen peinlich, dass alle sie so lobten. Sie streichelte Nikos Hals und flüsterte in sein Ohr: »Danke, süßer Niko. Weiter so, wir schaffen das.«

Im zweiten Durchgang war Pauline die Beste. Tim hatte beim Reiten den Hut verloren, musste absteigen und ihn wieder aufheben. Das kostete ihn wertvolle Zeit.

»Wie schade für Tim«, sagte Maja, und Pauline nickte. Sie hatten richtig mitgefiebert, und dass Tim der Hut runterfiel, war einfach zu blöd gewesen.

Dafür ritt Isabel diesmal fehlerfrei.

Als Maja wieder an der Reihe war, war sie weniger nervös als beim ersten Durchgang. Wieder war Niko sehr schnell, und diesmal ließ Maja deswegen zwei Pfosten im Slalom aus. Sie schaffte es einfach nicht, ihn rechtzeitig um die Kurven zu reiten und auch noch die Kleidungsstücke aufzuhängen.

Den Sprung am Ende nahm Niko aber wieder ganz locker. Auch in diesem Durchgang war Maja zwar wieder die Schnellste von allen, hatte sich aber durch die Patzer auf der Slalomstrecke Fehlerpunkte eingehandelt.

»Danke für den guten Durchgang. Aber jetzt kommt die alles entscheidende dritte Runde mit dem abschließenden Oxer. Falls ein Pony die Sprünge verweigert, sofort umdrehen und von Neuem anreiten. Ihr vergebt euch sonst wertvolle Chancen. Als Erste reitet ein … Pauline auf Charly.«

Pauline hatte die ganze Zeit aufgeregt gekichert. Jetzt wurde sie schlagartig ernst. Sie galoppierte an, und bis zum letzten Abschnitt lief auch alles sehr gut. Aber als Charly auf den Oxer zugaloppierte, blieb er plötzlich abrupt davor stehen, und Pauline wurde durch den Schwung auf seinen Hals geschleudert. Sie konnte es gerade noch vermeiden, auf der Wiese zu landen. Als sie sich wieder richtig in den Sattel gesetzt hatte, machte sie kehrt, ritt nochmals an, und beim zweiten Versuch sprang Charly ohne Zicken.

Maja hatte aufgeregt zugesehen. Wenn Niko vor dem Oxer genauso bremsen würde, dann könnte sie sich bestimmt nicht so gut abfangen wie Pauline. Hoffentlich sprang er so gut drüber wie bisher. Das Hindernis war viel höher, und auch wenn Britta sagte, es sei nur ein kleiner Satz für ein Pony – für Maja war es eine riesige Hürde.

Nach Pauline ritten Sophie und Tim. Sie schafften ihre Runden problemlos, waren aber auch mehr auf Sicherheit als auf Tempo geritten.

»Tim ist ein toller Reiter«, meinte Pia, als Lord gerade über den Oxer sprang. »Er könnte auf Springturnieren starten und hätte bestimmt gute Chancen.«

Maja sah Pia überrascht an und freute sich, dass ausgerechnet Pia das sagte. Vor einer Woche hatte sie noch anders über Tim gesprochen.

»Als Nächste bitte fertig machen: Maja auf Niko.«

Hastig setzte Maja ihren Reithelm auf und schwang sich auf Niko. Jetzt ging es für sie ums Ganze. Sie lag bis jetzt so gut mit ihren Zeiten, und vielleicht konnte sie wirklich einen der vorderen Plätze belegen? Der

Reiterpass-Lehrgang war sicher unerreichbar, aber die anderen Preise waren auch verlockend.

Nach Gruß und Glöckchen trieb sie Niko sofort zu einem schnellen Galopp an. Er flog mit einem weiten Satz über das erste Cavaletti und trabte wendig durch die Stangen. Das Tempo machte Maja richtig Spaß. Sie fühlte sich absolut sicher und sah sich schon mit einer hervorragenden Zeit im Ziel ankommen.

Da passierte es: Niko stolperte und verlor für einen Moment das Gleichgewicht. Maja wurde von dem plötzlichen Rumpler so überrascht, dass sie sich nicht mehr halten konnte, seitlich wegrutschte und im saftigen Gras landete.

Niko galoppierte erst noch ein Stückchen weiter, blieb dann aber stehen und trabte zu ihr zurück.

»Hast du dir wehgetan?«, rief Britta und lief auf sie zu.

Noch etwas benommen klopfte Maja sich den Hosenboden ab. »Nö, alles okay.«

»Dann schnell wieder hoch mit dir. Reite noch einmal ab dem Eckpfosten. Beeil dich, deine Zeit läuft!«

Maja rannte zu Niko, schwang sich in den Sattel und galoppierte wieder an. Sie trieb Niko an und flüsterte ihm vor dem Sprung zu: »Du schaffst das.«

Mit einem weiten Sprung setzte Niko über den Oxer, und Maja ließ ihn auf den letzten Metern noch einmal alles geben.

Im Ziel wurde sie jubelnd begrüßt. Als sie von Niko hinuntersprang, reichte Jan ihr eine Cola. Alle anderen hatten schon Gläser in der Hand.

»Das war dein erster Sturz, oder? Dann prost und herzlich willkommen unter den Reitern!«

Maja stieß lachend mit an, und danach zogen sich Jan und Britta zur Besprechung der Ergebnisse ins Gutshaus zurück.

Schon nach kurzer Zeit kamen sie wieder.

»Wir nehmen jetzt die Siegerehrung vor. Ich bitte um Ruhe und Aufmerksamkeit«, sagte Britta betont förmlich.

Das aufgeregte Gerede verstummte, und alle sahen gespannt zu Britta und Jan, die nun abwechselnd die Ergebnisse vorlasen. Den sechsten Platz hatte Dörte gemacht, auf dem fünften war Sophie, und Platz vier hatte sich Isabel erkämpft. Jan verteilte die Bücher und beglückwünschte sie. Maja wurde unruhig. War sie wegen des Sturzes vielleicht doch disqualifiziert worden?

»Den dritten Platz und ein Ponyhalfter bekommt … Pauline!«

Pauline kam nach vorn und stieg auf das Siegerpodest aus Heuballen mit weißen Nummernzetteln.

Britta überreichte Pauline ein schönes dunkelbraunes Lederhalfter und gratulierte ihr.

Pauline freute sich riesig. Sie hatte gar nicht mehr damit gerechnet, trotz der Verweigerung von Charly noch einen der vorderen Plätze zu ergattern.

»Jetzt wird es spannend. Wer ist auf Platz zwei? Platz zwei hat … Tim belegt!«

Tim stieg auf den Heuballen mit der Nummer zwei, grinste und verbeugte sich, als alle applaudierten.

Pia sah Maja an und strahlte. Maja schüttelte den Kopf. Da musste etwas heftig schiefgelaufen sein.

»Tim ist formvollendet wie immer geritten«, fuhr Britta fort, »aber heute war er nicht schnell genug, denn die

132

Siegerin des Dünenhof-Sommerturniers ist ... Maja auf Niko! Trotz ihres Sturzes ist sie so schnell gewesen, dass sie die verlorene Zeit über die drei Runden wieder herausgeholt hat und in der Wertung exakt einen Punkt vor Tim liegt. Das ist ein großer Sieg! Dir und euch allen herzlichen Glückwunsch!«

Maja konnte es noch immer nicht fassen und starrte mit offenem Mund Britta und Jan an. Tim streckte ihr die Hand entgegen. Mechanisch bewegte Maja sich auf das Siegerpodest zu und stieg auf den höchsten Ballen in der Mitte mit der Nummer eins. Sie hatte das Gefühl, sie träumte.

Plötzlich schrie sie erschrocken auf. Pauline hatte sie ins Bein gekniffen.

»Nur damit du weißt, dass das hier krass echt ist«, wisperte sie Maja zu und grinste dabei schelmisch.

Für alle drei gab es einen lang anhaltenden Applaus, und Pia schrie immer wieder laut: »Bravo, Bravooo!«

Britta überreichte Maja und Tim die Gutscheine für den Lehrgang und die Zeitschrift und gratulierte beiden noch einmal persönlich zu ihren Siegen.

»Und jetzt kommen noch die Mannschaftsergebnisse«, meldete Jan sich wieder zu Wort. »Die Equipe von Maja, Tim und Isabel hat gegen die von Pauline, Dörte und Sophie gewonnen. Dafür gibt es heute Abend Urkunden. Dünenhof-Schirmmützen bekommt ihr alle und einen Rieseneisbecher sowieso. Nochmals Gratulation an euch, ihr seid großartig geritten.«

Nachdem Britta die Mützen und Siegerschleifen verteilt hatte, gruppierten sich alle um das Strohpodest, und

Jan machte eine Menge Fotos von der Siegerrunde, für die Maja ihre gelbe Siegerschleife und den Gutschein überglücklich in die Kamera hielt.

Dann legte Jan die Kamera zur Seite. »Wir bitten nun alle Reiterinnen und Reiter mit ihren siegreichen Ponys – und natürlich dem siegreichen Pferd Lord – zur Ehrenrunde.«

Schnell wurden die Schleifen an das Zaumzeug gesteckt, und alle saßen für diesen Tag zum letzten Mal auf. Dann galoppierten sie zweimal um die Wiese, und Maja glaubte, dass sie in diesem Moment das glücklichste Mädchen auf der ganzen Welt war.

Als sie Niko später absattelte, blieb sie noch lange bei ihm im Stall und gab ihm ein paar Extraleckerlis.

»Eigentlich habe ich gar nicht gewonnen«, sagte sie leise und kraulte dabei Nikos Mähne. »Du hast das alles allein gemacht. Ich hätte nie gedacht, dass es ein so tolles Pony wie dich geben könnte. Du bist das schönste, klügste, beste, liebste, bravste, genialste Pony der Welt.« Sie umarmte ihn und dachte an den Augenblick, an dem sie sich von Niko verabschieden musste.

Als sie schließlich seine Box verließ, kullerten ein paar Tränen über ihre Wangen.

Kapitel 33

Das Turnier und der Abschluss der Reiterferien wurden mit einer fröhlichen Party am Strand gefeiert. Es gab gegrillte Würstchen, Kartoffel- und Nudelsalat, und Pauline hatte einen leckeren Karamellpudding gemacht.

»Den hättest du ruhig schon mal eher machen können«, sagte Tim und leckte genüsslich die letzten Reste von seinem Löffel ab.

»Das war aber clever von Pauline, es nicht zu tun. Sonst hätte sie auch öfter in die Küche gemusst«, meinte Maja und warf Jan einen spitzbübischen Blick von der Seite zu.

Pauline und Jan nickten grinsend.

»Aber ehrlich gesagt … mit Jan zu kochen macht total Spaß, und ich kann es nur empfehlen.« Maja nahm sich noch einen Löffel Karamellpudding.

Nach dem Essen verteilte Jan die Urkunden für die Platzierungen. Jeder erhielt zwei: eine für die Mannschafts- und eine für die Einzelwertung.

Maja wurde wieder ganz feierlich zumute, als sie ihre zwei ersten Plätze und die vielen Glückwünsche entgegennahm. Sie war überzeugt davon, dass Niko sie zu diesem Sieg geführt hatte.

Bis tief in die Nacht schmetterten sie am Lagerfeuer Reiterlieder, und selbst Tim, der zuerst nur leise mitgebrummt hatte, sang schließlich richtig laut mit. Als es dunkel war, las Britta Spukgeschichten vor, zu denen Jan mit seiner Gitarre eine schaurige Geräuschkulisse zauberte. Erst spät in der Nacht gingen sie durch die Dünen zum Hof zurück.

»Kommst du in den Herbstferien wieder?«

Erschrocken fuhr Maja zusammen. Sie war so in ihre Gedanken über den nahenden Abschied vom Dünenhof vertieft, dass sie Tim neben sich überhaupt nicht bemerkt hatte.

»Uff, hast du mich jetzt erschreckt … Ja, ich würde sehr gern wiederkommen. Und meine Eltern können eigentlich auch nichts dagegen haben – weil ich doch den Reiterpass-Lehrgang gewonnen habe«, meinte Maja. Sie war immer noch ganz überrascht, dass Tim sie so direkt angesprochen hatte.

»Die haben bestimmt nichts dagegen, so nett, wie die sind.«

Maja sah ihn verdutzt an. »Aber du kennst sie doch gar nicht.«

»Doch, ein bisschen. Als sie dich hergebracht haben, habt ihr doch in der Küche Tee getrunken.«

Dass Tim sich an ihre Ankunft auf dem Dünenhof erinnerte, verblüffte Maja noch mehr. Pauline hatte absolut unrecht gehabt, als sie zu Anfang der Ferien sagte, dass für Tim alle wie Luft seien. Aber was ihn anging, hatte Pauline sich sowieso meistens geirrt.

Schweigend gingen sie das letzte Stück bis zum Dünenhof nebeneinanderher. Im Ponyhaus wünschten sie sich

auf dem Flur eine Gute Nacht, und Tim verschwand hinter seiner Tür.

Sophie saß grinsend auf ihrem Bett, als Maja ins Zimmer kam.

Maja streckte ihr die Zunge raus. »Ich finde Tim nett. Na und?« Sie nahm ein Kissen und warf es in Sophies Richtung. Sophie schmiss es lachend zurück, und plötzlich war eine wilde Kissenschlacht im Gange. Als sie sich wieder beruhigt hatten, zogen sie sich kichernd um, putzten sich die Zähne und fielen todmüde in die Betten.

»Stimmt ja auch«, sagte Sophie.

»Was?«, fragte Maja schlaftrunken.

»Dass Tim nett ist.«

Maja nickte, und kurz danach schliefen beide tief und fest.

Kapitel 34

Der Abschied am nächsten Tag war traurig, und es wurden viele Tränen vergossen. Maja, Pauline, Sophie und Pia tauschten Adressen und Handynummern aus und versprachen hoch und heilig, sich regelmäßig zu schreiben.

»Jetzt kann ich ja wieder«, meinte Maja und zog ihr Handy aus der Tasche.

»Erinnere mich doch nicht daran.« Pia senkte wieder ihren Blick und malte mit ihren Fußspitzen Kreise in den sandigen Boden.

»Ach, ist doch alles längst vergessen«, grinste Pauline und zwickte Pia leicht in den Arm.

Auch Tim wollte mit den anderen in Kontakt bleiben. »Aber nicht mit dem Handy. Mit dem hier«, meinte er trocken und zog seinen Kuli aus der Jackentasche.

Dann wurden Pauline und Sophie abgeholt. Majas Eltern riefen an und sagten, dass sie erst am späten Nachmittag kommen würden. Sie hatten eine Fähre verpasst. Maja war das sehr recht. Sie wollte so lange wie möglich auf dem Dünenhof bleiben.

Pias Großeltern kamen mit einem Hänger, und als Fratz verladen wurde, hatte Maja wieder dieses traurige Gefühl

im Bauch. Pia fragte ihre Großeltern, ob Maja sie für ein paar Tage in Bremen besuchen durfte. Erfreut stimmten sie zu.

»Dann musst du aber auch nach Berlin kommen«, sagte Maja. »Vielleicht kannst du sogar Fratz mitbringen? Jetzt, wo ich auch ins Gelände kann, könnten wir gemeinsam durch den Grunewald reiten. Da gibt es lange Galoppstrecken, wo du ihn richtig rennen lassen kannst.«

Pia nickte begeistert. »Das wäre toll. Aber vorerst soll Fratz noch nicht viel machen. Wenn ich wieder reite, werde ich ihn sicher bremsen müssen. Aber das dauert noch. Mein Arm muss ja auch wieder in Ordnung sein.« Pia lächelte Maja an und umarmte sie.

Als Pia mit ihren Großeltern und Fratz schließlich vom Hof rumpelte, winkten Jan, Tim, Britta und Maja ihr noch lange nach.

Maja kraulte Trolls Nacken und musste ein paarmal schniefen.

Britta legte den Arm um sie. »Ich kann dich gut verstehen. Ihr werdet uns auch alle fehlen, es war eine schöne Zeit mit euch. Aber leider geht alles immer zu Ende, damit es wieder neu anfangen kann. Und bis deine Eltern kommen, trinken wir noch gemütlich Tee zusammen in der Küche.«

Maja nickte und gemeinsam gingen sie Richtung Gutshaus.

»Mich würde interessieren, was das da vorhin mit den Kulis und Handys war?« Jan betrachtete Maja und Tim mit hochgezogener Augenbraue und versuchte, streng auszusehen.

139

»Nix«, antworteten beide wie aus einem Mund und mussten über Jans Gesicht lachen.

»Verstehe«, meinte er und zwinkerte lächelnd.

»Du wolltest mir aber auch noch das Rezept für den Schokopudding geben. Bitte nicht vergessen. Als Dünenhof-Küchenchef wäre es unverzeihlich, sich das Geheimnis einer so göttlichen Speise entgehen zu lassen.«

Maja grinste und griff in ihre Hosentasche. »Habe ich dir schon aufgeschrieben, hier.« Sie zog einen leicht zerknitterten Zettel heraus und gab ihn Jan.

»Herzlichen Dank. Und habe ich es dir nicht gesagt? Wer so eine Nachspeise zaubern kann, für den sind Ponywettbewerbe ein Kinderspiel.« Zufrieden steckte Jan den Zettel ein und warf einen Stock für Troll weg. Begeistert jagte Troll hinterher.

»Übrigens …« Britta blieb stehen und sah Maja an. »Ich wollte es dir gestern schon sagen, aber da gab es keine passende Gelegenheit. Manches sagt man besser unter vier Augen.«

Auweia, dachte Maja, jetzt kommt bestimmt, dass ich nur zufällig gewonnen habe und den ersten Preis gar nicht verdiene. Unsicher blickte sie Britta von der Seite an, und Britta musste über Majas Gesicht schmunzeln.

»Keine Sorge, es ist nichts Schlimmes! Im Gegenteil. Du bist auf dem besten Weg, eine sehr gute Reiterin zu werden.«

Maja riss die Augen auf.

»Im Ernst.« Britta lachte und ging weiter. »Du hast viel Talent. Und wie du gestern locker und flockig unseren Reitstar Tim mit deinem Tempo abgehängt hast … Das

war große Klasse. Wer in so kurzer Zeit so viel lernt wie du, ist begabt. Und wenn du richtig trainierst, wirst du bald ausgezeichnet Dressur reiten und auch prima springen. Wäre schön, wenn deine Eltern dir erlaubten, im Herbst den Reiterpass zu machen. Vielleicht kommen sie sogar mit?«

Wie angewurzelt blieb Maja stehen und starrte Britta mit offenem Mund an. Hatte sie richtig gehört? Hatte Britta soeben das ausgesprochen, was sie sich am Anfang der Ferien so sehr gewünscht hatte? Ja, sie hatte es gesagt! Britta hatte gerade wirklich gesagt, dass sie talentiert war!

»Ich … klar, ich frag meine Eltern sofort, wenn sie kommen. Sie werden es bestimmt erlauben. Und es wäre so genial, wenn sie bei euch reiten lernen würden. Bei meinem Vater bin ich mir fast sicher, dass er es macht.« Sie sah zu den Weiden hinüber und dachte einen Augenblick nach. »Aber geht doch schon mal vor, ich komme gleich nach.«

Maja machte auf dem Absatz kehrt und rannte zur Koppel hinüber. Als sie Niko rief, hob das Pony den Kopf und trabte dann vom hinteren Ende der Weide auf sie zu.

Zutraulich schnüffelte es an Majas Jacke und suchte nach seinem gewohnten Leckerli. Maja gab ihm einen Apfel und erzählte ihm leise, was Britta gerade gesagt hatte.

»Danke, lieber Niko, danke für alles. Für gestern und überhaupt, dass du mir hier so geholfen hast. Du bist das tollste Pony der Welt, und die Ferien mit dir und den anderen auf dem Dünenhof waren die schönsten, die ich je erlebt habe. Ich kann nicht glauben, dass wir nicht mehr ständig zusammen sein werden. Am liebsten würde ich dich einpacken und mitnehmen.« Sie schlang ihre Arme um Nikos Hals, und ein paar Tränen fielen auf sein weißes Fell.

Niko schnüffelte an ihrer Jacke, während Maja sein weiches Maul streichelte. Ihr Blick wanderte zu den anderen Pferden hinüber. Nelly, Charly, Donna, Lord, Boy und Cremello grasten friedlich nebeneinander, und Maja dachte an die vielen Erlebnisse, die sie in den letzten zwei Wochen mit den Pferden, mit Pia, Sophie, Pauline und Tim auf dem Dünenhof gehabt hatte.

Sie zog ihr letztes Leckerli aus der Hosentasche und gab es Niko. Das hatte sie sich extra für den Abschied von ihm aufgespart. Behutsam wie immer nahm er es.

»Aber im Herbst komme ich wieder, und dann mache ich mit dir meinen Reiterpass. Dabei musst du mir natürlich wieder helfen. Und bis dahin werde ich bestimmt jeden Tag an dich denken … Aber du hoffentlich auch ein bisschen an mich«, flüsterte sie, und wieder stiegen ein paar Tränen in ihre Augen.

Niko schnaubte, und Maja wuschelte noch einmal mit beiden Händen durch seine weiche Mähne. Dann drehte sie sich langsam um und ging zum Gutshaus zurück.

Maja macht den Reiterpass

Kapitel 1

»Mama, hör mal: Dunkelgrüne Reithose mit Ganzlederbesatz, Größe 156, wie neu, günstig zu verkaufen.« Maja
hockte auf der Küchenbank und studierte die Anzeigen
unter *Pferde & Pferdesport* im Berliner Wochenkurier.

»Reithose?«, fragte Majas Mutter, während sie das Ge-
schirr aus der Spülmaschine räumte. »Du hast doch
eine. Die haben wir dir doch erst in diesem Frühjahr gekauft.«

»Jaaaa, schon«, sagte Maja gedehnt und machte mit ihrem Textmarker einen grünen Kringel um die Annonce.

»Die blaue. Aber die kriege ich nur noch zu, wenn ich
den Bauch einziehe. Und wenn ich jetzt in den Herbstferi-
en auf den Dünenhof fahre, dann brauche ich unbedingt
eine Hose zum Wechseln. Im Sommer hatten alle mindestens zwei Reithosen mit. Ich war die Einzige, die …«

»… nur eine hatte«, ergänzte ihre Mama lachend. Sie
trocknete sich die Hände am Handtuch ab, setzte sich neben Maja und legte ihr den Arm um die Schultern.

»Meine arme, arme Maja. Alle haben zwei, aber du hast
wieder mal nur eine. Und da suchst du jetzt unter gebrauchten Hosen, damit dir das nicht wieder passiert?«

Maja nickte eifrig. »Genau. Es muss wirklich keine neue Hose sein. Aber eben eine zweite.«

»Was heißt denn ›Ganzlederbesatz‹?«

»Da ist das Leder nicht so wie bei meiner blauen Reithose nur an den Innenseiten der Knie, sondern überall da, wo man sitzt. Damit soll man nicht so viel im Sattel hin- und herrutschen.«

Ob das allerdings wirklich stimmte, bezweifelte Maja. Schließlich wusste sie, dass ein guter Sitz nur durch viel Übung zu erreichen war. Sie fand aber, dass Ganzlederhosen professioneller aussahen als die mit Knieleder – und fast alle Mädchen in ihrem Reitstall hatten so eine. Maja ritt zwar nur einmal in der Woche, aber sie fuhr mehrmals zum Stall, half beim Füttern und Striegeln und fand Ganzleder daher auch für sich mittlerweile sehr angemessen. Und außerdem würde sie in den Reiterferien jeden Tag mindestens zweimal reiten.

»Was soll die Hose denn kosten?«

»Na ja, da steht ›günstig‹ …«

»Günstig ist immer relativ. Aber von wann ist der Anzeiger überhaupt? Vielleicht ist die Hose ja schon gar nicht mehr da.«

Maja blätterte auf die erste Seite zurück und erschrak. Die Zeitung war von vorgestern. Daran, dass die Hose schon verkauft sein könnte, hatte sie noch gar nicht gedacht.

»Dann rufe ich jetzt gleich an, oder?«

Ihre Mutter nickte. »Wenn sie noch zu haben ist, dann würden wir heute vorbeifahren. Sonst schaffen wir es vor dem Urlaub nicht mehr.«

»Super, danke, Mama.« Maja rutschte von der Küchenbank, drückte ihrer Mutter im Vorbeigehen schnell einen Kuss auf die Wange und sauste zum Telefon ins Wohnzimmer.

Sie hatte Glück: Die Hose war noch da und sollte fünfunddreißig Euro kosten.

»Der Preis ist aber VB, hat die Frau gemeint«, sagte Maja, als sie wieder auf die Küchenbank rutschte. »Was heißt denn das?«

»Verhandlungsbasis. Man besteht dabei nicht auf dem angegebenen Preis, sondern lässt mit sich reden. Hast du dir die Adresse notiert?«

Maja verdrehte die Augen. »Logo, ich bin doch nicht blöd! Charlottenburger Straße 176, dritter Stock. Die Leute heißen Lenau.«

»Ach ja, die Mädchen und ihr Pferdefimmel …« Frau Lenau führte Maja und ihre Mutter durch den weitläufigen Flur einer schönen Berliner Altbauwohnung in das große Wohnzimmer.

»Erst gab es für Julia nur Pferde, Pferde, Pferde, und von heute auf morgen hatte sie keine Lust mehr zum Reiten. Jetzt sind die Jungs dran, und wir können das ganze Zeug verkaufen«, sagte sie und seufzte tief.

Frau Färber lächelte. »Das hört man häufig. Für unsere Maja gibt es auch seit Jahren nichts anderes als Pferde und Ponys. Schon mit sechs Jahren hat sie sich von ihrem Taschengeld braunen Frotteestoff gekauft und daraus ein lebensgroßes Fohlen mit der Hand genäht.«

»Mama!«, rief Maja und sah ihre Mutter vorwurfsvoll an.

»Was denn?«, fragte Mama mit Unschuldsmiene zurück. »Das ist doch eine nette Geschichte.« Maja stöhnte, und Frau Lenau lachte amüsiert.

»Aber ich bin auch gespannt, wie lange bei meiner Tochter noch die Pferde an erster Stelle stehen.«

»Immer natürlich!«, platzte Maja heraus. Dass sie wie diese Julia wegen Jungen jemals das Reiten aufgeben würde, kam für sie gar nicht infrage! Jungen waren doch so blöd und hatten außer Computerspielen mit viel Geballer und vielleicht noch Fußball kaum etwas im Hirn.

Sie kannte eigentlich nur einen einzigen Jungen, den sie wirklich gut fand. Tim. Ihn hatte sie im Sommer auf dem Dünenhof kennengelernt, und er war nicht annähernd so dämlich, laut und frech wie die Blödiane in ihrer Klasse. Außerdem konnte er super mit Pferden umgehen. Maja hatte ihm sogar zweimal eine SMS geschrieben und eine Karte mit Pferdegewieher zu seinem dreizehnten Geburtstag geschickt. Aber außer mit einer kurzen SMS, worin er sich für die Geburtstagsgrüße bedankte, hatte er sich nicht bei ihr gemeldet.

Maja nahm es nicht weiter krumm, weil sie wusste, dass Tim nach der Schule manchmal in der Ferienpension seiner Mutter aushalf. Seine Reitstunden auf dem Dünenhof verdiente er mit Pferdepflege und hatte daher nur wenig Zeit.

Frau Lenau nahm die Reithose von der Sofalehne, musterte Maja und reichte sie ihr.

»Der letzten jungen Dame, die sie anprobiert hatte, war sie zu eng. Aber dir könnte sie gut passen. Da vorn ist das Badezimmer, da kannst du dich umziehen.«

Majas Herz machte einen Luftsprung, als sie die Hose in der Hand hielt. Sie hatte genau das dunkle Grün und das weiche Leder, wie sie es sich vorgestellt hatte, und sah tatsächlich noch wie neu aus.

Maja sauste ins Bad und hoffte inständig, dass ihr die Hose nicht auch zu klein war. Eilig schlüpfte sie hinein und atmete erleichtert auf, als sie feststellte, dass sie sogar noch ein bisschen zu groß war.

»Die sitzt ja prima«, meinte Frau Lenau, als Maja ins Wohnzimmer zurückging. »Da hinten im Flur ist ein großer Spiegel, in dem du dich bewundern kannst.«

Maja stellte sich vor den Spiegel und war ganz begeistert, wie gut sie in der Hose aussah.

»Mama, ist die nicht supertoll? Und guck mal, wie viel Platz ich noch habe. Die Hose kann ich bestimmt noch ganz lange anziehen. Nehmen wir die? Bitte ...«, rief sie, während sie ins Wohnzimmer zurücklief.

Ihre Mutter musste lachen. »Ich finde auch, dass sie dir steht. Fünfunddreißig Euro hatten Sie gesagt?«

Frau Lenau nickte. »Aber weil Maja sich so freut und die Hose in gute Hände kommt ... sagen wir dreißig.«

»Das ist ja toll, danke!« Maja strahlte.

»Keine Ursache, gern geschehen. Wir haben da auch noch einen ganzen Kasten mit Putzsachen. Auch wenig gebraucht. Hast du schon einen, oder hättest du dafür Verwendung?«

»Auf jeden Fall.« Maja nickte eifrig. »Ich habe zwar schon einen Striegel, eine Kardätsche und einen Mähnenkamm. Aber mir fehlen noch viele Sachen, und ich habe auch keine eigene Box.«

»Dann hole ich den Kasten. Bin gleich wieder da.« Frau Lenau verschwand im Nebenzimmer.

»Wenn ich mein eigenes Putzzeug auf den Dünenhof mitnehmen könnte, dann müsste ich nicht immer hinter allem herrennen. Das wäre superpraktisch. Und ich wollte mir ja sowieso noch mehr anschaffen.«

Ihre Mama seufzte. »Also, pass auf. Die Hose schenken Papa und ich dir. Wenn du allerdings noch diesen Kasten haben willst, dann musst du den von deinem Taschengeld bezahlen.«

»Na klar, danke, Mama.« Maja fand es toll, dass ihre Eltern die Hose bezahlten, und auch völlig in Ordnung, ihr Taschengeld für den Putzkasten auszugeben. Sie hoffte nur, dass er nicht zu teuer war.

»So, hier ist er.« Frau Lenau kam mit einem hellblauen Plastikkoffer zurück und stellte ihn auf den Wohnzimmertisch.

»In der Lieblingsfarbe von Julia musste er natürlich auch sein. Und er ist wirklich noch wie neu – außen wie innen.« Sie öffnete den Kasten. Maja staunte nicht schlecht, als sie sah, was alles darin war: Hufkratzer, Striegel, Mähnenkamm, eine weiche Kardätsche, ein Massagehandschuh, Gummis zum Mähneeinflechten, Pferdeshampoo, und auf dem Boden lag sogar ein hellblaues Halfter mit Führstrick.

Vorsichtig holte Maja es heraus und betrachtete es andächtig.

»Mama, guck mal«, rief sie begeistert. »Das würde Niko doch supergut stehen und auch genau passen.« Sie schluckte. »Was … was kostet der Kasten?«

»Wir hatten so an fünfundzwanzig Euro gedacht.«

Maja nickte enttäuscht und biss sich auf die Unterlippe. Das hatte sie schon befürchtet. Das Putzzubehör war wie die Hose kaum gebraucht, und das Halfter sah ebenfalls nicht danach aus, als hätte es jemals ein Pferd getragen. Aber fünfundzwanzig Euro waren eindeutig zu viel für sie. Sie hatte kaum noch Taschengeld, und außerdem sparte sie auf einen gebrauchten Sattel, den sie über ihren Schreibtischhocker legen wollte. Und der kostete richtig viel Geld.

»So viel habe ich nicht mehr.« Traurig legte Maja das Halfter zurück, klappte die Box wieder zu und schob sie langsam zu Frau Lenau zurück.

»Was hältst du davon, wenn ich dir einen Sonderpreis mache?«

»Sonderpreis?« Maja sah Frau Lenau zweifelnd an. Auch zu einem niedrigeren Preis könnte sie sich den Putzkasten wahrscheinlich nicht leisten.

»Ja, sozusagen ein Herbstferienangebot: Zehn Euro, und alles gehört dir.«

Maja war platt. Für zehn Euro könnte sie diesen tollen Kasten haben?

»Ja, ja … sofort, super«, stotterte sie und bekam ganz rote Ohren vor Freude.

Hektisch kramte sie aus ihrer Jackentasche den letzten Zehneuroschein hervor, der vom gestrigen Pferdeleckerli-Einkauf übrig geblieben war, und legte ihn mit leuchtenden Augen auf den Wohnzimmertisch.

Lächelnd nahm Frau Lenau den Kasten und drückte ihn Maja in die Hand. Maja konnte es noch immer nicht ganz fassen, dass dieser tolle Kasten jetzt ihr gehörte.

»Da haben sie jemandem aber eine große Freude gemacht«, sagte Majas Mutter beim Abschied an der Wohnungstür.

Frau Lenau hob die Schultern. »Mir gefällt Majas Begeisterung, und wenn sie alles gebrauchen kann, dann passt es doch.«

Während der Rückfahrt sah Maja sich immer wieder ihre neuen Errungenschaften an.

Es ist fast so, als hätte ich ein eigenes Pony, dachte sie glücklich und stellte sich vor, wie sie Niko zum ersten Mal in ihrer grünen Reithose mit dem neuen Halfter von der Weide holte und ihn mit ihrem eigenen Putzzeug striegelte.

Kapitel 2

»Kannst du mich bitte mal abfragen, Mama?«

Maja reichte ihrer Mutter ein Buch nach vorn auf den Beifahrersitz. Sie fuhr mit ihren Eltern nun schon einige Stunden Richtung Nordsee und hatte super Laune, weil es endlich losging. Die letzten Tage bis zur Abreise waren so langsam vergangen, dass Maja vor lauter Ungeduld ihren fertig gepackten Koffer und die Reitstiefel schon vor einer Woche in den Flur gestellt hatte.

»So bestehst du die Reitabzeichen?«, fragte ihre Mutter irritiert, als sie den Titel des Buches las. »Ich dachte, das, was du machen willst, heißt ›Reiterpass‹?«

»Stimmt. Aber der Reiterpass ist auch ein Reitabzeichen und nach dem ›Kleinen Hufeisen‹ und dem ›Basispass Pferdekunde‹ die erste Prüfung. Den Basispass mache ich übrigens auch direkt mit, und mit diesem Buch kann man für alles lernen.«

»Du machst zwei Prüfungen?«, fragte ihr Vater verwundert.

»Ja, weil man ohne Basispass den Reiterpass nicht machen kann. Aber beim Basispass muss man nicht reiten, sondern nur Fragen über Pferde, Pflege und Haltung

beantworten, und das kann ich sowieso schon alles. Der Reiterpass ist viel schwieriger.« Maja zog die Stirn kraus.

»Und wofür ist der Reiterpass gut?«, fragte Majas Papa mit einem seitlichen Blick zum Buch auf den Knien seiner Frau. »Überprüfen die Pferde vor dem Reiten, ob man es kann oder nicht? Das wäre ja eine sehr sinnvolle Einrichtung. Wusste gar nicht, dass es so etwas Tierfreundliches schon gibt.« Er zwinkerte Maja im Rückspiegel zu.

»Quatsch«, kicherte Maja. »Doch nicht die Pferde! Aber das ist wirklich so eine Art Pferdeführerschein, und manche Reitställe wollen einen Reiterpass sehen, bevor man dort einen Ausritt mitmachen darf oder sich ein Pferd leiht.«

»Aha. Und was musst du da jetzt wissen?«, erkundigte sich ihr Vater.

»Es geht um Fütterung, Haltung, Krankheiten, Satteln und so weiter. Man muss eine Lektion mit bestimmten Hufschlagfiguren und alle Grundgangarten vorreiten und über ein paar Hindernisse springen.«

Maja wusste das so genau, weil sie im Sommer die gleiche Frage gestellt hatte und sich noch gut an die Antwort von Dörte erinnern konnte, die mit ihrer Schwester Isabel auch die Prüfung auf dem Dünenhof machen wollte. Maja war gespannt, ob sie tatsächlich kamen.

»Dann lass doch mal hören, was du schon weißt. Und wo stehen die Antworten?« Majas Mutter blätterte durch das Buch.

»Ganz hinten. Die brauchst du aber gar nicht überprüfen, ich kann sowieso alles.«

»Wenn Selbstbewusstsein auch abgefragt wird, dann hast du tatsächlich schon bestanden«, schmunzelte Majas Mutter, und auch ihr Vater grinste.

»Da braucht ihr gar nicht so zu lachen«, sagte Maja beleidigt. Wenn es um ihr Interesse an Pferden ging, hörte für sie der Spaß auf. »Ich kann wirklich jede Frage. Schließlich lerne ich ja auch schon seit dem Sommer für den Reiterpass.« Sie rutschte in die Mitte der Rückbank und zwängte sich in den kleinen Spalt zwischen den Vordersitzen.

»Aber jetzt frag doch auch endlich!«

Majas Mutter seufzte.

»Also ... was für Futtermittel gibt es?«

»Saftfutter, Raufutter und Kraftfutter«, antwortete Maja wie aus der Pistole geschossen.

Majas Mutter blätterte zum Lösungsteil. »Stimmt. Kannst du die auch noch näher beschreiben?«

»Klar. Saftfuttermittel sind Grünfutter wie Gras, dann Wurzelgemüse wie Möhren und noch die Silage.«

»Die was?«

»Silage, Papa. Das ist die Konservierung von Futtermitteln durch Gärung. Es gibt Maissilage und die Silage aus Gras- oder Kleegrasgemisch.«

»Ich bin beeindruckt«, brummte Herr Färber.

»Ich bin doch noch gar nicht fertig. Raufutter ist Heu und Futterstroh. Und dann gibt es noch Kraftfutter. Dazu gehören Hafer, Gerste, Körnermais, Roggen und Weizen.« Maja machte eine kurze Pause und dachte nach. »Viehsalz, Kleie und Trockenschnitzel gibt es auch noch. Die Schnitzel muss man aber vorher einweichen, sonst kann es Schlundverstopfungen und Koliken geben. Melasse, Leinsamen, Bierhefe und Pflanzenöle gehören auch noch zum Futter.«

»Mensch«, sagte Majas Papa anerkennend. »Das ist ja fast wie in einer Vorlesung an der Uni.«

»Prima«, lobte auch Majas Mutter. »Aber eine Art von Kraftfutter gibt es noch.«

»Noch etwas?« Maja runzelte die Stirn und dachte scharf nach. »Mash!«, rief sie plötzlich.

»Mash?«, wiederholte Majas Vater ungläubig.

Frau Färber nickte. »Steht hier, Maja hat recht. Und wofür ist das?«

»Mash füttert man vor allem nach großen Anstrengungen. Es besteht aus verschiedenen Zutaten. Das kann zum Beispiel gequollener Leinsamen sein, gequetschter Hafer, Kleie, Melasse und so …«

»Also eine Art Müsli«, meinte Majas Vater trocken. »Aber im Ernst: Das musst du alles wissen?«

»Sogar noch viel mehr. Aber mir macht es Spaß, das zu lernen.«

Maja lehnte sich zufrieden in den Sitz zurück, packte ihr Käsebrot mit Gurken, Salat und Senf aus und ließ es sich schmecken.

Als sie im Sommer auf den Dünenhof gefahren war, hatte sie nicht gewusst, was sie erwarten würde. Es waren ihre ersten Reiterferien gewesen, und Maja hatte große Zweifel gehabt, ob sie überhaupt schon gut genug reiten konnte. Doch ihre Sorge war völlig unbegründet gewesen – es wurden die schönsten Ferien, die sie je verbracht hatte. Der Dünenhof gehörte Jan und Britta, die sich um alles

kümmerten und supernett waren. Jan hatte den Hof von seinen Eltern geerbt und ihn gemeinsam mit seiner Freundin zu einem Ferienhof mit Reitstall umgebaut. Nach und nach sollte er zu einer erstklassigen Adresse für Reiterferien werden. Auf dem Dünenhof hatte Maja auch Pia und Pauline kennengelernt. Pia war eine ausgezeichnete Reiterin, die schon Turniere ritt und ihr Pony Fratz mitgebracht hatte. Zuerst war sie unausstehlich arrogant gewesen, aber nach einigen turbulenten Ereignissen hatte sich herausgestellt, dass sie doch total nett war. Maja und Pia hatten sich nach den Sommerferien Briefe und SMS geschrieben und ein paarmal telefoniert. Ein Wochenende hatte Maja sogar bei Pia in Bremen verbracht. Pia hatte ihr eine Unterrichtsstunde auf Fratz gegeben, und danach waren sie noch ins Kino gegangen. Es war total lustig gewesen, und Pia gehörte jetzt irgendwie schon richtig zu Majas Freundinnen.

Mit Pauline hatte Maja sich sowieso von Anfang an gut verstanden. Sie war unkompliziert, frech und hatte fast immer gute Laune.

Aber das Beste war ihr Pflegepony Niko gewesen! Als sie den zierlichen Schimmel mit dem wunderschönen Kopf und den sanften schwarzen Augen das erste Mal im Hof stehen sah, hatte sie sich sofort in ihn verliebt. Niko hatte ihr viel beigebracht, und auf ihm hatte sie den ersten Ausritt ihres Lebens gemacht. Sogar den ersten Preis beim Abschlussturnier hatte sie mit ihm gewonnen: einen Gutschein für einen Reiterpass-Lehrgang in den Herbstferien. Ihre Eltern wollten in der Zeit eine Woche Nordsee-Urlaub machen, und seit dem Abschied vom Dünenhof im

Sommer fieberte Maja dem Wiedersehen mit Niko entgegen.

»Kann man bei diesen Prüfungen eigentlich auch durchfallen?«, riss Frau Färber Maja aus ihren Gedanken und gab ihr das Buch zurück.

»Na klar«, antwortete Maja mit vollem Mund und schluckte den letzten Bissen ihres Brotes hinunter. »Im Reitstall in Berlin war im Frühjahr eine Prüfung, und da sind einige nicht über den Parcours gekommen. Und auch in der Dressur haben zwei nicht bestanden, weil sie sich verritten hatten.«

Maja schlug das Buch sofort wieder auf. Zwar war sie in der Theorie wirklich schon ziemlich fit, aber man konnte ja nie genug über Pferde wissen. Und nie gut genug reiten. Ob sie den Reiterpass wirklich bestehen würde? Maja seufzte laut, und ihre Mutter drehte sich zu ihr um.

»Was ist denn so schwer?«

»Hoffentlich falle ich wirklich nicht durch.«

»Das wirst du schon nicht. Und falls doch, dann machst du es eben noch mal. Aber davon ist jetzt doch gar keine Rede. Es wird schon gut gehen!« Majas Mama lächelte aufmunternd.

»Und nimm es bitte nicht zu ernst«, fügte Herr Färber hinzu. »Es soll dir schließlich Spaß machen, und so schwer kann Reiten doch auch nicht sein.«

»Hast du eine Ahnung, Papa«, sagte Maja vorwurfsvoll. »Reiten ist nicht so einfach, wie du dir das immer vorstellst – rauf aufs Pony und lossausen. Es ist ganz, ganz schwierig, zur richtigen Zeit die richtige Hilfe zu geben, die das Pferd dann auch versteht. Und das muss man immer wieder üben, und bis man das kann, dauert es sehr lange.«

»Das befürchte ich leider auch«, murmelte Majas Vater leise. Er setzte den Blinker und bog in die Hafeneinfahrt ein, wo die Fähre schon startbereit am Anleger lag.

Maja kurbelte die Scheibe hinunter und sog mit einem tiefen Atemzug die frische Meeresluft ein. Ihr Herz pochte aufgeregt. Jetzt hatte sie Niko bald wieder!

Kapitel 3

Der Reiterhof lag etwa einen Kilometer außerhalb vom kleinen Ortskern der Insel, kurz hinter einer langen Dünenkette und inmitten vieler großer Weiden. Herr Färber bog von der Hauptstraße in den holprigen Feldweg zum Gut ab, über dem das große Holzschild »Willkommen auf dem Reitergut Dünenhof« hing.

»Da vorn ist Niko!«, rief Maja plötzlich und deutete aufgeregt auf einen zierlichen Schimmel, der in einiger Entfernung am Weidezaun stand und sich von einem Mädchen mit blonden Wuschellocken Grasbüschel zustecken ließ.

»Wahrscheinlich hat er schon auf dich gewartet«, sagte Majas Mutter lächelnd. »Kennst du das Mädchen?«

»Nö. Es ist aber bestimmt eine von Brittas Reitschülerinnen aus dem Dorf. Jetzt fahr doch nicht so langsam, Papa!«

»Es geht nicht schneller. Du siehst doch, wie viele Schlaglöcher hier sind.«

»Dann halt bitte an. Ich laufe den Rest!« Maja wartete kurz, bis ihr Vater hielt. Dann riss sie die Tür auf, sprang aus dem Auto und rannte auf Niko zu. Als das Mädchen

160

sie kommen sah, ging es schnell Richtung Hof weiter. Atemlos kam Maja bei Niko an.

»Mein Niko«, flüsterte sie und streckte ihre Hand aus, um das Pony daran schnuppern zu lassen. Niko brummelte leise und fing sofort an, mit seinem samtweichen Maul ihre Jackentaschen nach etwas Essbarem abzusuchen. Maja musste lachen.

»Immer noch der Alte! Warte, hier!« Sie holte ein paar Pferdeleckerli aus ihrer Jackentasche und hielt sie Niko hin. Vorsichtig und ohne Gier nahm er die Leckereien und kaute sie genüsslich.

»Du ahnst ja gar nicht, wie sehr ich dich vermisst habe!«, sagte Maja leise und kraulte ihn sanft an der Stirn. »Die Ponys in Berlin sind zwar auch ganz okay, und Flip reite ich dort am liebsten. Aber den wollen immer alle haben, und ich bin froh, wenn ich ihn kriege. Aber so lieb, so süß und so toll wie du ist er natürlich nicht. Das kann sowieso kein anderes Pony sein.« Maja wuschelte Niko durch die Mähne, während das Pony sie leicht mit seiner Nase anstupste.

»Na gut, noch ein Leckerli. Aber dann gibt es erst wieder heute Abend etwas. Ich habe nämlich nur einen Beutel mit, und der muss die ganze Woche reichen.«

»Maja, komm jetzt bitte! Wir wollen doch auch weiter«, rief Majas Mutter ungeduldig aus dem Auto.

»Ich komm schon!«

Maja schlang ihre Arme um Nikos Hals. »Bis nachher, mein Süßer. Ich kann es gar nicht erwarten, dich zu reiten!« Dann ging sie zum Auto und setzte sich wieder hinein.

»Was ist an diesem Niko denn so besonders? Der sieht doch aus wie jedes andere Pony auch«, sagte Majas Papa grinsend und fuhr weiter.

»Wenn du auch nur ein bisschen Ahnung von Pferden hättest, dann würdest du verstehen, dass er eben nicht wie jedes andere Pony ist. Er ist etwas ganz, ganz Besonderes! Er geht toll, springt super und ist so wahnsinnig lieb. Das beste Pony von der ganzen Welt eben. Und wenn ich viel Geld hätte, dann würde ich ihn kaufen.«

»Da hat Niko aber Glück, dass dein Taschengeld nicht reicht! Der würde sich wundern, wenn er plötzlich in einem Berliner Vorgarten steht, nebenan nur Hubers Gartenzwerg und weit und breit keine Pferdekollegen.«

»Du bist so gemein, Papa«, sagte Maja und verzog beleidigt das Gesicht. »Niko hätte es gut bei mir! Ich würde arbeiten und ihn natürlich im Reitstall unterbringen. Aber keine Sorge: Britta und Jan verkaufen ihn sowieso nicht.«

Frau Färber atmete hörbar auf. »Gott sei Dank. Sonst wüsste ich, was wir uns in der nächsten Zeit immer anhören müssten.«

Sie hatten das Hoftor erreicht, und Herr Färber fuhr langsam auf dem knirschenden Kies zu den Parkplätzen unter den großen Kastanien. Maja staunte, wie anders es jetzt auf dem Dünenhof aussah. Sie hatte noch die frischen Farben des Sommers in Erinnerung, aber jetzt war es auch hier Herbst geworden. Die drei großen Kastanien in der Mitte des Gutshofes trugen nun gelbe Blätter in allen Schattierungen, und im Bauerngarten war die bunte Blütenpracht des Sommers den Rottönen der Herbstblumen gewichen.

Britta spritzte einem großen braunen Pferd am Putzplatz vor dem Stallgebäude gerade die Hufe ab. Als sie den
Volvo von Familie Färber sah, drehte sie sofort den Was-
serhahn zu und ging den Aussteigenden fröhlich winkend
entgegen. Hinter ihr schoss schwanzwedelnd der gutmü-
tige Golden Retriever Troll heran, den Besuch immer in
Begeisterung versetzte. Mit wilden Freudentänzen sprang
er um Maja und ihre Eltern herum. Es war ein herzliches
Wiedersehen, und Britta lud Färbers auf frisch gebackenen Butterkuchen und Ostfriesentee in die Gutsküche ein.

»Pauline und Pia sind übrigens schon da«, sagte sie zu
Maja, als sie durch die himmelblaue Tür ins Gutshaus gingen. »Pauline ist aber vorhin zum Meer gegangen, und Pia
wollte unbedingt sofort mit Fratz am Strand galoppieren.
Isabel und Dörte kommen erst heute Abend.«

»Und Tim?« Maja bemühte sich, ihre Stimme möglichst
beiläufig klingen zu lassen.

»Tim wird ab morgen die ganze Zeit hier sein. Das hat
Jan mit seiner Mutter so vereinbart.«

Maja nickte. Im Sommer war Tim einmal abgehauen,
weil er keine Lust mehr hatte, ständig in der Pension mit-
zuhelfen und auf seinen kleinen Bruder aufzupassen. Jan
hatte daraufhin mit Tims Mutter gesprochen, und Tim
durfte danach die restlichen Sommerferien auf dem Dünenhof verbringen.

Maja merkte, wie sehr sie sich darüber freute, dass er
jetzt auch die ganze Zeit hier wohnen würde.

In der gemütlichen Gutsküche holte sie sich eines der
dicken bunten Kissen aus dem Korb am Eingang und belegte sofort wieder ihren Stammplatz auf der Holzbank. Es

wurde eine lustige Teerunde mit dem leckersten Butterkuchen, den Maja kannte.

Nach einer knappen Stunde verabschiedeten sich Majas Eltern schließlich.

»Wir sehen uns dann morgen. Sie kommen doch mit, oder?«, fragte Britta und gab Majas Mama die Hand.

Maja sah Britta fragend an. »Morgen? Wohin soll meine Mutter mitkommen?«

»Wie? Das weißt du nicht?«, fragte Britta verwundert zurück.

Majas Vater räusperte sich und sah verlegen auf seine Teetasse, während Majas Mutter schmunzelte.

»Es ist in der Tat so, Britta, dass wir Maja nichts gesagt haben und sie überraschen wollten.«

»Nun sagt doch schon!«, rief Maja ungeduldig und blickte gespannt erst ihre Mutter und dann ihren Vater an. »Womit wolltet ihr mich überraschen? Ihr wollt doch nicht etwa jeden Tag beim Unterricht dabei sein? Das wäre ja furchtbar!«

»Gott im Himmel, nein!« Herr Färber lachte laut auf und zupfte Maja sanft am Ohr. »Es ist eher anders herum. Du kannst … und so, wie ich dich kenne, wirst du es auch … jeden Tag mir beim Unterricht zusehen.«

Wie vom Donner gerührt starrte Maja ihren Vater an.

»Du hast ganz richtig gehört«, fuhr Herr Färber lächelnd fort, »ich nehme wieder Reitstunden. Mir gefiel es hier schon im Sommer so gut, und deine Begeisterung für den Dünenhof hat mich angesteckt. Also habe ich beschlossen, hier wieder mit dem Reiten anzufangen. Und morgen geht es los.«

»Papa … das ist ja super!« Stürmisch umarmte Maja ihren Vater.

Troll, der bis dahin auf seiner Decke unterm Fenster gedöst hatte, sprang auf und wedelte so heftig mit dem Schwanz, dass sein ganzes Hinterteil in Bewegung war und alle lachen mussten.

»Jetzt fehlen eigentlich nur noch Sie, Frau Färber, dann wäre die Reiterfamilie komplett.«

»Um Himmels willen, nein«, winkte Frau Färber entschieden ab. »Ich habe einen Heidenrespekt vor Pferden, und im Gegensatz zu mir ist mein Mann früher ja schon mal geritten. Nein, ich werde erst wieder zur Prüfung kommen und mir bis dahin eine schöne, ruhige Woche machen.«

Kapitel 4

Maja begleitete ihre Eltern bis zum Auto, und als sie aus dem Hoftor fuhren, lief sie noch ein Stück bis zur großen Weide hinter dem Wagen her. Dann blieb sie stehen, winkte noch einmal und rief Niko, der am hinteren Ende der Koppel mit den anderen Pferden graste. Das Pony hob den Kopf, spitzte die Ohren und kam sofort angetrabt.

Maja gab ihm ein Stück Möhre und erzählte ihm die Neuigkeiten. »Genial, oder? Vielleicht reitet mein Vater dann auch schon mit uns aus?«

Maja kraulte Niko versonnen hinter den Ohren, während er seinen Kopf an ihrem Ärmel rieb. »Und lass mich bitte nicht beim Reiterpass hängen«, fuhr sie mit leiser Stimme fort. »Den kann ich wirklich nur mit dir zusammen schaffen.«

Maja rieb sich die Augen und setzte sich im Bett auf. Vom Fenster fiel helles Mondlicht in das Zimmer. Sie sah auf das Handy auf dem Nachttisch. Erst Viertel nach sechs, aber Maja war schon hellwach. Pia und Pauline dagegen schliefen noch fest.

Gestern hatten die drei Freundinnen Britta bekniet, ein weiteres Bett in den Raum zu stellen, damit sie zusammen in einem Zimmer sein konnten. Es war derselbe Raum, den Maja schon im Sommer gehabt hatte, und bis auf das zusätzliche Bett von Pia sah es hier noch genauso aus: Hellblaue Nachttische, weiße Kleiderschränke, und die Betten waren wieder mit der blau-weiß gestreiften Bettwäsche bezogen. Bunte Flickenteppiche lagen auf dem Holzboden, und an den Wänden hingen Poster mit witzigen Ponyzeichnungen. Plötzlich stutzte Maja. Das gerahmte Bild über der alten Holzkommode schien neu zu sein. Sie musste es gestern beim Einzug übersehen haben. Oder hatte es vielleicht noch gar nicht da gehangen? Leise stand sie auf und schlich auf Zehenspitzen über den knarrenden Holzboden zur Kommode. Bei jedem Schritt sah sie zu Pia und Pauline, ob sie wach wurden. Aber beide ließen sich absolut nicht stören.

Maja musste ganz nah an das Bild herangehen, um im Mondlicht das Motiv zu erkennen. Das war ja ein Bild von ihr und Tim! Beim Abschlussturnier im Sommer auf dem Heuballenpodest mit der Nummer eins! Ob Britta das gestern noch aufgehängt hatte? Oder Pauline? Oder Pia? Auf jeden Fall war es eine super Überraschung!

So lautlos wie möglich schlich Maja zum Fenster hinüber und öffnete es leise. Frische Meerluft, gemischt mit dem würzigen Duft von Pferden, schlug ihr entgegen, und Maja atmete ein paarmal tief ein. Wie gut das roch!

Ein paar Hühner stolzierten gackernd über den Hof Richtung Misthaufen, und aus dem Stall war gelegentlich das zufriedene Schnauben eines Pferdes zu hören. Ihr

Blick wanderte über den Hof hinüber zu den von Mondlicht beschienenen Dünen, hinter denen brausend das Meer an den Strand schlug. Sie konnte es gar nicht erwarten, wieder am Strand entlangzugaloppieren. Und vielleicht durfte ihr Vater nach ein paar Stunden ja schon mit ihnen ausreiten!

Majas Blick blieb an den Hindernissen neben dem Dressurviereck hängen. Wie wohl die erste Reitstunde mit Niko werden würde? Und vor allem die Springstunde? Hoffentlich hatte sie nicht alles verlernt – seit dem Sommer war sie schließlich nicht mehr gesprungen.

In Berlin hatte sie auch immer nur eine Reitstunde pro Woche, weil der Unterricht in ihrem Reitstall ziemlich teuer war. Aber nach den Sommerferien hatte sie richtig gemerkt, dass sie durch das tägliche Reiten auf dem Dünenhof große Fortschritte gemacht hatte, und auch Thomas, ihr Reitlehrer, hatte sie gelobt. Trotzdem hatte sich das Reiten in Berlin, auf Flip oder den anderen Ponys, nie wieder so schön angefühlt wie auf Niko. Und auch wenn sie mit Flip meistens ganz gut zurechtkam – manche Stunden waren so mühsam, und oft kam Maja sich wie eine absolute Anfängerin vor. Ob sie jemals eine so gute Reiterin wie Pia werden würde? Bei der sah alles immer mühelos und leicht aus. Aber Pia ritt ja auch schon viele Jahre, und Fratz war ein toll ausgebildetes Dressurpony.

Seufzend schloss Maja das Fenster und tapste lautlos zur Kommode zurück, vor der ihr offener Koffer mit der grünen Reithose lag. Sie schlüpfte hinein und betrachtete sich im Spiegel an der Schranktür von allen Seiten.

»Voll krass«, wisperte plötzlich jemand hinter ihr. Erschrocken fuhr Maja herum.

Pauline lag grinsend in ihrem Bett und schien sie schon länger beobachtet zu haben.

»Ehrlich, super Teil. Und sogar Ganzleder«, meinte sie anerkennend. »Haben deine Eltern dir eigentlich auch eine weiße Reithose und ein Sakko für die Prüfungen gekauft? Meine Mutter war nicht weichzukriegen und meinte, ich sollte mir doch für das eine Mal die Sachen leihen. Habe ich jetzt auch gemacht.«

Maja wurde blass. »Au Mann, das habe ich ja total vergessen!«, rief sie laut und hielt sich sofort erschrocken die Hand vor den Mund. Pia schlief ja noch! »Jetzt, wo du es sagst, fällt mir wieder ein, dass ich es zwar in Brittas Brief gelesen habe, aber wegen der grünen Reithose überhaupt nicht mehr daran gedacht habe«, flüsterte sie. »Was mache ich denn jetzt?«

»Das Flüstern kannst du dir schenken. Es scheint ja wohl unmöglich zu sein, länger zu schlafen, wenn man mit euch im Zimmer ist«, knurrte Pia und rieb sich die Augen. »Und die Sachen kannst du alle von mir haben. Ich habe mein Turnierzeug vorsichtshalber mitgenommen, weil ich mir schon dachte, dass irgendjemand es vielleicht brauchen könnte.«

»Super, danke!« Maja strahlte.

»Schon okay. Aber morgen würde ich wirklich gern länger schlafen. Schließlich sind Ferien«, antwortete Pia.

»Hätte ich auch heute schon gern. Aber der Glanz von Maja in ihrer neuen Reithose hat mich geblendet und aufgeweckt«, spottete Pauline.

»Blöde Zicke.« Maja griff nach dem nächstliegenden Kissen und warf es lachend nach Pauline. Pauline fing es auf, schmiss es zurück und erwischte dabei Pia, die es sofort wieder auf Maja schleuderte. Im Nu war eine heftige Kissenschlacht im Gange, und nach ein paar Minuten fielen alle drei lachend auf Majas Bett.

»Und jetzt ein Stück selbst gebackenen Schokokuchen?«, lockte Maja und holte aus ihrer Nachttischschublade einen kleinen, in Alufolie verpackten Kuchen.

Pauline und Pia nickten begeistert.

Maja schnitt ihn in vier Stücke und wickelte eines wieder in die Folie, bevor sie die anderen verteilte.

»Wow, der schmeckt voll gut«, sagte Pauline mit vollem Mund nach dem ersten Bissen. »Kann ich mir das letzte Stück für später reservieren?«

Maja schüttelte den Kopf. »Nee, das ist für Tim.«

»Für Timmie?«, flötete Pauline und klimperte mit den Wimpern.

Majas Wangen wurden rot. Schnell senkte sie den Kopf und pickte die Schokoladenkrümel von der Bettdecke, damit Pia und Pauline es nicht merkten.

»Ja, für Tim. Na und? Hat eigentlich eine von euch das Foto über die Kommode gehängt?«, lenkte sie ab und hoffte, dass das Thema »Tim« damit erledigt war. Sie mochte es gar nicht, wenn Pauline sie damit aufzog.

Pia schluckte den letzen Bissen Kuchen hinunter und wischte sich die Hände an ihrer Pyjamahose ab.

»Ich. Es war zwar schon nach den Sommerferien fertig, aber ich wollte es dir nicht mit den anderen schicken, sondern dich hier damit überraschen.«

»Das ist dir echt gelungen. Super Foto, danke.«

Pauline kletterte aus dem Bett und ging zu dem Bild hinüber. Mit auf dem Rücken verschränkten Armen und schief gelegtem Kopf sah sie es sich genau an.

»Ein sehr, sehr schönes Foto, in der Tat. Besonders schön natürlich, weil auch Timmie drauf ist.«

»Was soll denn das nun wieder heißen?«, fragte Maja lauernd.

»Ooooch, gar nichts. Ich meine doch nur so …«

»Du bist doch wirklich eine selten blöde Zicke.« Übermütig schlug Maja wieder mit einem Kissen nach Pauline.

»Aua!«, schrie Pauline, riss Maja das Kissen aus der Hand und warf es mit so viel Schwung auf sie, dass Maja ihr Gleichgewicht verlor und mit lautem Gejaule aufs Bett fiel. Pia hielt sich den Bauch vor Lachen.

»Ist das schön, wieder hier zu sein«, sagte sie kichernd und wischte sich ein paar Lachtränen weg.

»Vor allem mit uns wieder hier zu sein«, verbesserte Maja grinsend.

Pauline warf sich neben Maja auf das Bett. »Heute ist doch auch die erste Reitstunde von deinem Vater, oder? Das wird bestimmt voll krass. Wann reitet er denn?«

»Direkt nach unserer Stunde und vor dem Mittagessen. Wir verpassen also nichts.«

»Vielleicht reitet er am Samstag dann sogar schon mit aus«, meinte Pia und gähnte herzhaft.

»Ja, vielleicht«, sagte Maja nachdenklich. »Ich wünsche es mir jedenfalls sehr. Und wenn er erst mal am Strand galoppiert ist, dann hört er bestimmt nie wieder mit dem Reiten auf!«

Kapitel 5

»Den Basispass Pferdekunde ...« Britta klopfte nach dem Frühstück mit ihrem Löffel an die Teetasse, und sofort verstummte das lebhafte Geplauder in der Gutsküche. Gespannt sahen die Mädchen zu ihr hin, während Troll nur kurz von seiner Decke unter dem Fenster aufblickte und sich dann sofort wieder dem Zerbeißen eines alten Sportschuhs widmete.

»Den Basispass Pferdekunde und den Reiterpass machen Maja, Isabel und Dörte und noch zwei Mädchen aus dem Ort, Nicola und Sarah. Die werdet ihr heute in der Reitstunde kennenlernen. Tim wird am Montag die Prüfung für das Bronzene Reitabzeichen ablegen.«

»Toll«, flüsterte Maja Pia zu. »Das will ich auch mal machen. Ist das schwierig?«

»Schwieriger als der Reiterpass schon. Vor allem in der Theorie muss man ziemlich viel wissen«, wisperte Pia hinter vorgehaltener Hand zurück.

»Pia macht mit Fratz diesmal nur Ferien«, sagte Britta.

»Ja, aber ich helfe euch allen immer gern. Fragt mich einfach, wenn ihr Hilfe braucht«, sagte Pia laut und sah in die Runde.

»Darauf kommen wir bestimmt gern zurück. Danke, Pia«, erwiderte Britta lächelnd.

»Kannst du bitte noch mal erklären, wofür wir diesen Basispass Pferdekunde eigentlich brauchen?«, fragte Isabel. »Den könnte man sich doch eigentlich schenken, oder?«

Britta schüttelte den Kopf. »Ganz und gar nicht. Wer später die Reitabzeichen machen will, muss den Basispass Pferdekunde haben, der dir grundlegende Kenntnisse und Fertigkeiten im Umgang mit dem Pferd bescheinigt. Dabei geht es im praktischen Teil um den Umgang mit dem Pferd: Führen und Vorführen, Anbinden, Passieren anderer Pferde, Pferdepflege, Ausrüsten eines Pferdes und die Grundtechniken des Verladens. Also alles das, was ihr sowieso schon könnt, und vorreiten müsst ihr hier nicht. Im theoretischen Teil der Prüfung werden euch Fragen zum Pferdeverhalten, zum Umgang mit dem Pferd, zur Unfallverhütung, Fütterung, Pferdehaltung und Pferdegesundheit gestellt, genauso wie beim Reiterpass. Alles klar?«

»Klar, danke.« Isabel nickte und machte sich Notizen auf einem Zettel.

Britta sah auf ihre Armbanduhr. »Gut, ich muss auch gleich zur Longenstunde. Die Einteilung der Pferde wird Tim mit euch machen. Solange Jan weg ist, ist er auch zuständig für die Pflege und Fütterung der Pferde. Wenn ihr also Fragen habt, wendet euch bitte direkt an ihn.«

»Wo ist Jan denn eigentlich?«, fragte Dörte. »Ich habe ihn noch gar nicht gesehen.«

»Kannst du auch nicht, weil er auf dem Festland ist. Er sieht sich ein Pony an.«

»Ihr bekommt ein neues Pony?«, rief Maja überrascht und sah Britta gespannt an.

Britta nickte. »Es wird höchste Zeit, dass wir uns um Nachwuchs kümmern. Niko ist zwar noch kerngesund, aber mit seinen fast einundzwanzig Jahren soll er bald nicht mehr voll im Schulbetrieb mitgehen. Und da immer mehr Reitschüler kommen und wir uns auch noch vergrößern möchten, werden wir mindestens zwei neue Pferde kaufen. Vor ein paar Tagen hat Jan ein interessantes Angebot für ein Pony bekommen, das bei Hamburg steht. Ob wir es allerdings wirklich nehmen, hängt davon ab, wie gut es sich für die Reitschule eignet.«

»Toll«, sagte Maja begeistert. »Und wer kriegt es als Pflegepony?«

»Wir haben uns überlegt, dass …«

In diesem Moment flog die Tür auf, und Tim stürzte herein. Maja wurde sofort wieder ganz heiß im Gesicht, und sie hoffte, dass sie nicht so rot aussah, wie sie sich fühlte. Schnell goss sie sich eine Tasse Kakao nach, während Pia sie mit dem Fuß unter dem Tisch anstieß und grinste.

»Moin«, murmelte Tim in die Runde und setzte sich auf den freien Platz am Ende des Tisches neben Pauline.

»Moin, Tim«, grüßte Britta zurück. »Und?«

»Fehlanzeige«, sagte er und nahm sich ein Brötchen aus dem Korb. »Ich hab die große Weide und den Weg noch mal nach Donnas Hufeisen abgesucht. Aber es ist wie vom Erdboden verschluckt. Dabei kann sie es wirklich erst gestern Nachmittag verloren haben.«

»Danke für deine Mühe, Tim.« Britta seufzte. »Ich hatte gehofft, du findest es doch noch. Donna macht beim

Schmied immer das meiste Theater, und ich war so froh, dass wir es gerade mal wieder hinter uns gebracht hatten. Jetzt kann Kalle nur wegen ihr den weiten Weg noch einmal kommen.«

»Verstehe ich nicht«, meinte Isabel und sah Britta irritiert an. »Vom Dorf bis zu euch ist es doch nicht weit …«

Britta schüttelte den Kopf. »Auf der Insel haben wir leider keinen Schmied. Kalle kommt vom Festland und ist lange Zeit vorher ausgebucht. Ich hoffe, dass er uns in dieser Woche noch einschieben kann, schließlich will Tim Donna ja auch in der Prüfung reiten, und überhaupt muss sie ordentlich bewegt werden. Sonst wird sie viel zu launisch.«

An Brittas eigenwillige Fuchsstute hatte Maja sich schon im Sommer nicht richtig herangetraut, sie hatte großen Respekt und sogar ein bisschen Angst vor ihr. Sie bewunderte Tim dafür, wie sicher er mit Donna umgehen konnte. Bei ihm, Jan und Britta war sie sanft wie ein Lamm, während alle anderen höllisch aufpassen mussten, dass sie nicht schnappte, einen in die Ecke der Box drängte oder andere Zicken machte.

»Sollte jemand das Eisen finden«, fuhr Britta fort, »bitte nicht als Glücksbringer betrachten und behalten, sondern abgeben. Dann kann Kalle es wieder annageln und muss kein neues Eisen anpassen. Alte Hufeisen sind in einer Kiste in der Sattelkammer, falls jemand unbedingt eins haben möchte.« Sie warf wieder einen Blick auf ihre Uhr.

»Und jetzt noch schnell zum Tagesablauf. Jeden Vormittag ist zuerst Unterricht an der Longe, dann eine Dressurstunde mit den Lektionen der Prüfung für euch und

danach eine reguläre Reitstunde für alle anderen Reitschüler oder Einzelunterricht. Nachmittags steht entweder ein Ausritt oder eine Springstunde auf dem Programm, in der jeweils drei von euch je eine halbe Stunde trainieren. Die anderen üben unter Tims Anleitung ihre Dressuraufgaben für die Prüfung. Davon gibt es zwei Typen, die sich nur leicht in der Reihenfolge der Bahnfiguren unterscheiden. Wer welche reitet, sage ich euch heute Abend. Diese Aufgaben werden wir gemeinsam in den Stunden üben, und sie werden dann genauso in der Prüfung vorgeritten. Den Richtern kommt es vor allem darauf an, dass die Pferde euch willig folgen und gut am Zügel gehen. Nach dem Abendbrot findet der Theorieunterricht mit mir oder Jan im Ponystübchen statt.« Hastig trank Britta ihren Tee aus.

»Jetzt muss ich aber wirklich los. Tim, machst du bitte weiter und verteilst die Pferde?«

Tim nickte, und Troll trottete hinter Britta zur Tür. Bevor sie die Küche verließ, drehte sie sich noch einmal um.

»Ein Tipp noch: Lernt die Dressuraufgaben auswendig. Wenn man nervös ist, hört man manchmal nicht richtig hin oder versteht ein Kommando nicht, und schon hat man sich verritten. Das kann euch nicht passieren, wenn ihr die Abfolge der Bahnfiguren im Schlaf beherrscht. Bis gleich dann.« Sie ließ Troll zuerst hinaus und schloss dann die Tür.

Tim schluckte hastig den letzten Bissen seines Brötchens hinunter und zog aus seiner hinteren Hosentasche einen zerknitterten Zettel heraus, den er auf dem Tisch glatt strich.

»Also … Pia, eh klar, reitet ihren Fratz. Ist er eigentlich immer noch so verfressen?«

Pia musste lachen. In den letzten Ferien war Fratz in die Haferkammer eingebrochen und hatte sich ein ausgiebiges Frühstück genehmigt. Der Tierarzt musste kommen, aber zum Glück hatte er sich mit seiner Fressorgie keine Kolik eingehandelt.

»Na klar ist er das. Das kann ich ihm auch nicht mehr abgewöhnen. Aber er kaut wenigstens richtig und schlingt nicht so wie du!«

»Er muss ja auch keine Pferde verteilen und danach sofort in den Stall und beim Pferde-Fertigmachen helfen«, grinste Tim. »Aber machen wir weiter. Pauline nimmt wieder Charly.«

»Yeah«, rief Pauline begeistert und machte mit der rechten Hand das Siegeszeichen.

»Cremello ist für Isabel. Den hattest du im Sommer auch, oder?«

Isabel nickte strahlend. »Cremello wollte ich sowieso wieder haben, danke.«

»Dörte reitet Boy.«

»Ooooch, doch nicht schon wieder Boy.« Dörte zog ein langes Gesicht. »Mit Boy falle ich garantiert durch, so faul und träge, wie der ist. Ich wollte diesmal unbedingt Niko haben. Das habe ich Britta auch schon gesagt. Das mit Boy muss ein Irrtum sein.«

Maja durchfuhr es wie ein Blitz. An die Möglichkeit, dass auch eines der anderen Mädchen Niko reiten wollte, hatte sie nie gedacht. Für sie stand immer fest, dass Niko auch diesmal ihr Pflegepony werden würde. Nicht

auszudenken, wenn Dörte Tim jetzt rumkriegte und er ihr Niko gab.

Tim hob die Schultern. »Keine Ahnung, was du mit Britta ausgemacht hast. Hier steht jedenfalls, dass du Boy reitest.«

Maja fiel ein Stein vom Herzen, während Dörte einen Schmollmund zog.

»Moment …«, sagte Tim plötzlich und sah auf die Rückseite des Zettels. »Hier hat Britta doch noch etwas notiert … Die Dressur reitest du auf Boy, aber die Springstunden und auch die Prüfung sollst du mit Niko machen.«

»Und ich?«, platzte Maja heraus. »Mit wem springe ich?«

»Auch mit Niko. Ihr springt beide mit ihm. So haben Britta und Jan es jedenfalls entschieden.«

»Und die Dressur soll ich wirklich mit Boy machen? Den muss man doch immer so viel treiben, bis er sich mal bewegt und in Bewegung bleibt. Wenn ich nicht durchfallen will, brauche ich ein vernünftiges Pony«, nörgelte Dörte und schnitt eine Grimasse.

»Boy kann alles, wenn man es selbst auch kann«, erwiderte Tim kurz und steckte den Zettel wieder in die Hosentasche.

Dörte hätte wohl gern noch etwas gesagt, schluckte es aber dann doch hinunter.

»Und ich?«, fragte Maja zaghaft und kaute nervös an ihrer Unterlippe. »Wen reite ich? Svala?«

»Svala? Wie kommst du denn darauf? Du reitest natürlich wieder Niko.«

Erleichtert atmete Maja auf. Das war ja noch mal gut gegangen.

»Und wer reitet jetzt Svala und Nelly?«, wollte Pauline wissen.

»Nicola und Sarah, Reitschülerinnen aus dem Dorf. Die kommen gleich auch zur Stunde und zum Theorieunterricht.«

Tim trank seinen Tee aus, wischte sich den Mund mit dem Handrücken ab und stand auf.

»Dann könnt ihr jetzt mit den Pferden anfangen. Falls es noch Fragen gibt, ich bin bei Lord im Stall«, sagte er und ging aus der Küche.

Die Mädchen folgten ihm.

»Ich hätte Dörte Niko nicht zum Springen gegeben«, raunte Pia Maja zu, als sie beim Schuhregal in der Diele ihre Stiefel anzogen. »Sie hat so eine harte Hand, und Niko ist im Maul doch so wahnsinnig empfindlich!«

»Ich finde es ja auch total blöd«, sagte Maja und nahm ihre Jeansjacke und den Reithelm vom Haken. »Aber immerhin habe ich ihn als Pflegepony bekommen und nicht Dörte. Und ich kann ihr ja schlecht verbieten, Niko genauso gernzuhaben wie ich.«

»Ach, hör doch auf«, knurrte Pauline verärgert, die neben ihnen stand und sich gerade einen warmen Pullover über den Kopf zog. »Nur weil deine Eltern Rechtsanwälte sind, musst du Dörte nicht verteidigen! Dörte will Niko doch nur, weil sie meint, mit ihm den Reiterpass viel leichter zu schaffen als mit Boy. Jede Wette: Mehr steckt bei ihr nicht dahinter.«

Kapitel 6

Auf dem Weg zu den Stallungen überholten sie Tim, der mit Troll Stöckchen-Weitwurf spielte. Ein paar Hühner flogen aufgeregt gackernd zur Seite, als Troll mit dem Ast in der Schnauze an ihnen vorbeisauste und ihn Tim vor die Füße legte. Mit heraushängender Zunge sah er ihn auffordernd an.

»Coole Pferdeverteilung gerade, Herr Reitlehrer. Wann übernehmen Sie den Hof?« Pauline verbeugte sich mit einem frechen Grinsen.

»So 'n Quatsch«, brummte Tim und warf den Ast wieder weg, dem Troll sofort begeistert hinterherjagte. »Mir ist es doch egal, wer von euch welches Pony kriegt.«

»Mir nicht«, sagte Maja leise. »Wenn ich Niko nicht bekommen hätte …«

Tim zuckte mit den Schultern. »Ehrlich gesagt, wusste ich gar nicht, dass Dörte auch scharf auf ihn war. Im Sommer wollte sie doch immer nur Boy reiten.«

Troll schleppte den Stock wieder an und wartete geduldig auf den nächsten Wurf.

»Braver Hund«, lobte Tim und schleuderte den Ast erneut weit weg. »Übrigens finde ich es super, dass dein

Vater wieder mit dem Reiten anfängt. Er ist doch schon mal geritten, oder?«

Maja nickte. »Irgendwann als Student. Muss lange her sein. Und dann hatte er keine Lust mehr, weil er mal runtergefallen ist.«

»Na, die erste Longenstunde auf Lord wird ihm bestimmt gefallen.«

»Er muss an die Longe?«, fragte Maja verdutzt.

»Klar, was denkst du denn? Ist doch normal, wenn man so lange nicht geritten ist. Britta muss doch erst mal sehen, was er noch kann.«

»Ich finde es so genial, dass dein Vater wieder anfängt«, mischte Pia sich jetzt ein. »Meine Eltern würden sich nie auf ein Pferd setzen und interessieren sich nicht die Bohne dafür.« Pia sah plötzlich traurig aus.

Maja, Pauline und Tim sahen sich an. Sie wussten, dass Pia darunter litt, ihre Eltern nur selten zu sehen. Die lebten für einige Zeit aus beruflichen Gründen in Amerika, und Pia wohnte wegen der Schule solange bei ihren Großeltern in Bremen, die sie sehr gernhatte. Aber obwohl sie mindestens dreimal pro Jahr in die Staaten flog und ihre Eltern häufig nach Deutschland kamen, wusste Maja, dass Pia sie vermisste.

»Dafür hast du aber deinen Fratz. Meine Eltern würden mir eben nie ein Pferd kaufen«, tröstete Maja und legte den Arm um sie.

»So sicher wäre ich mir da nicht«, sagte Tim grinsend. »Wenn wir deinen Vater erst mal wieder auf den Geschmack gebracht haben, dann möchte ich mal sehen, wie lange er deinem Pferdewunsch widersteht.«

Maja schüttelte den Kopf. »Da kennst du meine Eltern aber schlecht. Die sind schon klasse, aber beim Thema Pferd schalten sie auf stur und sagen immer: Und wenn wir in Urlaub fahren? Und die Tierarztkosten? Wer soll denn das alles bezahlen?« Maja seufzte. »Ich würde dafür natürlich auch Zeitungen austragen oder andere Sachen machen, aber so viel, dass ich die Unterkunft für ein Pferd in unserem Berliner Reitstall zahlen kann, kriege ich nie zusammen. Das kostet pro Monat fast vierhundert Euro.«

Beruhigend klopfte Pauline ihr auf die Schulter. »Sachte. Jetzt sitzt erst mal dein Vater auf dem Pferd, und irgendwann will deine Mutter auch und …«

»… und ganz irgendwann hat Maja ihr Pony, Vater ein Pferd und Mutter auch, weil die Färbers ohne Pferde gar nicht mehr leben können«, ergänzte Tim und kraulte Troll im Nacken, der mit dem Ast in der Schnauze bis zum Stall neben ihnen hergelaufen war.

Maja grinste. »Ihr habt ja vielleicht eine Fantasie. Aber eins verspreche ich euch: Wenn das passiert, dann mache ich eine Riesenparty in Berlin.«

»Abgemacht«, sagte Tim ernst und gab Maja die Hand. »Nach Berlin wollte ich sowieso immer schon.«

Maja schlug ein, während Pauline ihr einen Rippenstoß gab und Pia ihre andere Hand schüttelte.

Wenn Tim mich nicht mögen würde, dann hätte er das bestimmt nicht gesagt, dachte Maja und fühlte wieder einen leichten Anflug von Hitze im Gesicht.

Auf dem Putzplatz vor dem Stall sattelten Isabel und Dörte bereits Cremello und Boy.

»Wow, ihr seid ja schon fast fertig«, sagte Maja und streichelte Cremello über die Stirn.

»Ich habe ihn heute früh schon geputzt, deshalb ging es jetzt so schnell«, erwiderte Isabel.

Dörte schloss die Schnallen an Boys Kopfstück und würdigte Maja keines Blickes.

Maja tat, als hätte sie es nicht bemerkt, aber ihre gute Laune bekam einen Dämpfer.

»Die scheint ja wirklich richtig sauer auf mich zu sein«, sagte sie leise zu Pauline, als sie außer Hörweite waren.

»Ach, die wird sich schon wieder abregen«, beruhigte die Freundin sie, während sie ihr Putzzeug aus dem Schrank in der Stallgasse holten.

»Hoffentlich«, sagte Maja und seufzte laut. Aber sie bezweifelte, dass Pauline recht hatte.

Kapitel 7

»Wow, Papa!« Maja stieß einen anerkennenden Pfiff aus, als sie ihren Vater in schwarzen Reithosen, Stiefeln und einem lässigen Sweatshirt mit Britta und Lord im Dressurviereck stehen sah. Sie hockte sich mit Pia und Pauline auf einen Baumstamm hinter der weißen Umrandung des Platzes und wartete gespannt, dass seine Stunde anfing.

»Ach du lieber Himmel!«, sagte Majas Vater und machte ein gequältes Gesicht. »Können Sie diese drei sensationsgierigen jungen Damen nicht wegschicken, Britta? Pferdeäpfel aufsammeln, striegeln oder was es da sonst alles zu tun gibt? Ponys brauchen doch immer Aufmerksamkeit – ganz im Gegensatz zu mir. Meine erste Reitstunde seit zig Jahren würde ich gern ohne die amüsierten Blicke dreier begnadeter Reiterinnen erleben, die nur darauf warten, dass ich mich dämlich anstelle und hinunterfalle.«

»Ich fürchte, Sie werden heute nicht unter Ausschluss der Öffentlichkeit reiten können«, lachte Britta, während sie Lords Sattelgurt nachzog. »Dafür sind Sie viel zu interessant. Aber machen Sie sich mal keine Sorgen. Es wird schon gut gehen.« Sie drehte sich zu den Mädchen um.

»Ihr könnt gern zusehen, aber nur unter der Bedingung, dass ihr ruhig seid und nicht herumalbert.«

»Versprochen, hoch und heilig«, rief Maja zurück und bemühte sich, ihre Stimme ganz ernst klingen zu lassen.

Pia kicherte leise. »Dein Vater sieht heute aber gar nicht so locker aus wie sonst.«

»Ach, das macht er doch extra«, sagte Maja und war schon ganz gespannt, wie er wohl auf Lords Rücken raufkommen würde.

Der erste Versuch klappte jedenfalls nicht.

»Halten Sie sich am Sattelkranz und an der Sattelkammer fest«, erklärte Britta. »Jetzt abfedern und mit Schwung hochziehen. Ja, gut.«

Es sah nicht elegant aus, aber immerhin schaffte es Herr Färber in den Sattel und setzte sich mit leisem Ächzen zurecht.

»Für den Anfang doch gar nicht schlecht«, raunte Pauline anerkennend.

»Pssst«, machte Maja und legte ihren Finger auf den Mund.

Britta ließ Lord zunächst einige Runden im Schritt an der Longe gehen. »Sitzen Sie jetzt einfach mal da und spüren, wie sich Lord unter Ihnen bewegt. Die Zügel vergessen Sie, ich habe Lord sicher an der Longe. Die Hände nehmen Sie runter und stellen die Fäuste eine Handbreit über dem Widerrist aufrecht hin. Der Widerrist ist der Buckel vor Ihrem Sattel … Ja, genau dort. Jetzt richten Sie sich auf und sitzen ganz locker! Kopf hoch, nach vorn schauen, Schultern zurück und das Gesäß tief in den Sattel drücken. Gut. Die Hacken zeigen nach unten, die

185

Fußspitzen geradeaus. Geradeaus! Nicht nach außen … Nein, auch nicht nach innen. Geradeaus! Ja, so ist es gut.«

Konzentriert bemühte Herr Färber sich, alles richtig zu machen. Nach ein paar Runden schien er sich an Lords weichen, raumgreifenden Gang gewöhnt zu haben und ging mit seinen Bewegungen mit.

»Das sieht schon ganz gut aus«, lobte Britta. »Dann nehmen Sie jetzt vorsichtig die Zügel auf und versuchen, Kontakt zum Pferdemaul herzustellen.«

Herr Färber griff die Zügel und verkürzte sie allmählich, bis sie eine leichte Spannung hatten.

»Wow, guckt mal, er nimmt die Zügel sogar schon richtig in die Hand«, flüsterte Maja begeistert.

»Pssst! Nicht so laut!« Diesmal war es Pauline, die Maja ermahnte. Die Mädchen kicherten, und Britta warf ihnen einen strengen Blick zu. Sofort waren sie wieder mucksmäuschenstill.

»Man merkt, dass Sie schon einmal geritten sind«, sagte Britta zufrieden. »Und gar nicht schlecht vermutlich. Wie fühlen Sie sich?«

Herr Färber wischte sich mit dem Ärmel den Schweiß von der Stirn. »Um ehrlich zu sein: Ich habe mich schon mal besser gefühlt. Und ich hatte ganz vergessen, dass es ganz schön weit bis zum Boden ist. Wie lange ist die Stunde denn noch?«

»Lange! Wir haben doch gerade erst angefangen«, lächelte Britta. »Und wir werden heute mindestens noch zwei Runden galoppieren. Aber jetzt kommt erst mal das Leichttraben dran.«

»Auweia.« Herr Färber machte ein erschrockenes Gesicht, und Maja presste die Lippen aufeinander, um nicht laut herauszuprusten.

»Das werden Sie auch ganz schnell wieder können«, sagte Britta und lächelte ermunternd. »Sie heben sich bei jedem zweiten Tritt aus dem Sattel und setzen sich dann wieder sanft hinein. Wohlgemerkt: sanft setzen, nicht hineinplumpsen! Und auch nicht in die Bügel steigen, sondern aus den Knien herausheben und das Aufstehen nur andeuten. Leichttraben entlastet den Rücken der Pferde und ist auch für den Reiter bei langen Ritten eine große Erleichterung.«

Britta ließ Herrn Färber den Bewegungsablauf ein paarmal im Schritt üben. Dann rief sie »Teerrrrab«, und sofort trabte Lord brav an. Für einen Moment sah es so aus, als würde Majas Vater das Gleichgewicht verlieren. Hilflos wurde er im Sattel hin- und hergeworfen und hielt sich angestrengt an der Sattelkammer fest. Dann aber fand er den Takt, und nach ein paar Runden sah es schon viel sicherer aus.

»Mensch, dein Vater hat ja richtig Talent«, staunte Pia, und Maja nickte strahlend. Ihr Vater musste wirklich ein passabler Reiter gewesen sein und würde es bestimmt in sehr kurzer Zeit wieder werden.

»Scheerrritt«, rief Britta, und Lord verkürzte sofort die Tritte.

»Sehr gut war das! Besonders die letzten beiden Runden. Absolut taktrein und Sie sind Lord nicht einmal in den Rücken gefallen. Das wird er Ihnen hoch anrechnen.«

187

»Hoffentlich! Ich rechne ihm dafür an, dass er so nett zu mir ist«, sagte Herr Färber ganz außer Atem und kraulte Lord am Widerrist. »Das ist schließlich nicht selbstverständlich. Wirklich, ein höfliches, korrektes Pferd.«

»Das ist er meistens«, bestätigte Britta. »Aber er kann auch anders. Besonders im Gelände läuft er zur Höchstform auf, wenn man ihn lässt. Aber jetzt machen wir noch ein paar Galoppsprünge, und dann reicht es für das erste Mal.«

»Um ehrlich zu sein … Ich würde jetzt schon gern aufhören und mit dem Galopp morgen weitermachen. Ich weiß nicht, ob ich das nervlich noch aushalte.«

»Das werden Sie«, sagte Britta in einem Ton, der keinen Widerspruch duldete. »Lord hat einen sehr angenehmen Galopp. Gegen seinen harten Trab ist das die reinste Wonne.«

»Ihr Wort in Gottes Ohr«, sagte Majas Vater und schluckte. Er wirkte plötzlich wieder sehr angespannt.

»Locker, Herr Färber, ganz locker. Ziehen Sie mal die Schultern bis zu den Ohren hoch und lassen Sie sie wieder fallen. Gut so. Wir traben jetzt wieder an, und nach einer Runde gebe ich das Kommando zum Galopp. Sie halten sich am Sattel fest und machen weiter nichts, außer sich auf die Bewegungen des Pferdes zu konzentrieren und locker mitzuschwingen.«

»Locker mitschwingen ist gut«, sagte Herr Färber, während Lord wieder antrabte.

Nach einer Runde rief Britta »Galopp«, und sofort sprang Lord an. Majas Vater hatte Mühe, im Sattel sitzen zu bleiben. Aber nach vier, fünf Sprüngen hatte er Lords

Rhythmus gefunden und galoppierte souverän zwei weitere Runden, bis Britta Lord wieder zum Schritt durchparierte.

»Super gemacht, gratuliere! Und wir sind auch schon fertig«, rief Britta und wickelte die Longe auf.

Pia und Pauline applaudierten begeistert, während Maja zu ihrem Vater rannte. Noch etwas außer Atem, aber sichtlich erleichtert, schwang sich Herr Färber von Lord und klopfte seinen Hals. Lord stupste ihn auffordernd mit der Nase an. Er schien auf seine Belohnung zu warten.

»Hast du mal so ein Leckerchen oder wie das heißt? Ich hatte ganz vergessen, dass Pferde auch von Trinkgeld leben.«

»Leckerli«, berichtigte Maja und beförderte aus ihrer Reithose drei Stückchen hervor, die sie ihrem Vater gab. Vorsichtig hielt er sie Lord hin, der sich die Leckerli krachend schmecken ließ.

»Stark, Papa, echt, genial gemacht! Du kannst bestimmt bald mit ausreiten!«

»Na, wir wollen mal nichts überstürzen«, sagte Britta ruhig. »Ich finde zwar auch, dass es für die erste Reitstunde nach so langer Zeit prima lief. Aber ob nach einer Woche schon ein Ausritt in der Gruppe ansteht, werden wir erst nach den nächsten Stunden sehen.«

»Wenn es nach mir ginge, müsste ich auch gar nicht ausreiten. Ich fühle mich hier im Gehege und an der Leine ganz wohl. Morgen wieder um die gleiche Zeit?«

Britta nickte. »Maja, hilfst du deinem Vater beim Absatteln?«

»Wie, das muss ich auch noch machen?«, fragte Herr Färber mit gespielter Empörung.

Maja lachte. »Das gehört doch dazu! Wer reitet, muss auch sein Pferd vorher und nachher gut versorgen.«

Sie nahm Lord am Zügel, führte ihn aus der Bahn, und Herr Färber folgte den beiden langsam. Er schien sich erst wieder daran gewöhnen zu müssen, auf seinen eigenen Beinen zu gehen.

Pauline und Pia gratulierten ihm vom Rand des Vierecks aus zu seiner ersten Stunde.

Herr Färber grinste. »Publikum ist natürlich doch eine feine Sache, wenn so viel Lob dabei herausspringt. Kommt doch morgen wieder, meine Damen. Aber natürlich nur unter der Bedingung, dass ich wieder entsprechend motiviert werde.«

»Worauf Sie sich verlassen können! Es macht doch Spaß, Ihnen zuzusehen. Und damit der Muskelkater nicht zu stark wird – schön warm baden«, empfahl Pauline noch und ging dann mit Pia Richtung Weide davon.

Kapitel 8

Vor dem Stall löste Maja die Schnallen von Lords Trense und zeigte ihrem Vater, wie man das Zaumzeug korrekt abnimmt. »Am besten hält man die Hand vor das Maul, um das Gebiss abzufangen. Dann kann es nicht so an die Zähne schlagen und dem Pferd wehtun.«

»Danke für den Hinweis. Das hätte ich als Pferd auch nicht so gern.«

Maja nickte. »Und wenn du dich richtig anstrengst, Papa, dann könnten wir vielleicht wirklich schon Ende der Woche gemeinsam ausreiten.« Maja sah ihren Vater erwartungsvoll an, während er Lord absattelte und den Sattel vorsichtig auf den Boden legte.

»Sachte, sachte. Ich saß nach zwanzig Jahren heute das erste Mal wieder auf einem Pferd und bin froh, dass ich überhaupt oben geblieben bin. Aber gegen einen gemütlichen Spazierritt an den Strand ist an und für sich nichts einzuwenden.«

»Dann gib dir Mühe«, sagte Maja streng, hob den Sattel auf und trug ihn in die Sattelkammer.

»Übrigens danke für den Tipp mit den gebrauchten Reitsachen«, sagte ihr Vater, als sie wieder zurück war.

191

»Mama hat mir von den Anzeigen erzählt, und ich habe mir sofort auch alles gebraucht gekauft. Und dabei richtige Schnäppchen gemacht.«

Maja nickte. »Du siehst wirklich toll in den Reitsachen aus. Meine grüne Reithose hat Pauline übrigens auch schon bewundert. Hast du inzwischen die Hufe nachgesehen?«

»Nein, die haben wir doch vor dem Reiten erst sauber gemacht!«

»Papa … ich denke, du bist früher schon mal geritten. Hast du denn alles vergessen? Die Hufe muss man nach dem Reiten unbedingt wieder prüfen. Lord könnte sich kleine Steine oder sonst was eingetreten haben.«

Herr Färber kratzte sich verlegen am Kopf. »Na ja. Ich muss zugeben, dass ich damals zwar gern geritten bin, aber es war mir am liebsten, wenn der Kollege schon gesattelt und gezäumt vor mir stand. Und hinterher habe ich ihn meistens direkt weitergegeben. Geputzt und das ganze Drumherum habe ich eigentlich nie so richtig gemacht.«

Maja schüttelte den Kopf. »Echt nicht? Aber das macht doch am meisten Spaß! Na egal. Dann musst du es eben jetzt lernen. Hier ist der Hufkratzer.«

Herr Färber seufzte, während er unter Majas Anweisung nacheinander die Hufe von Lord aufhob. Tatsächlich war im hinteren ein kleiner Stein. Majas Papa entfernte ihn, richtete sich mit leichtem Stöhnen wieder auf und rieb sich das Kreuz.

»Mann, das geht ja ganz schön in den Rücken. Vor allem bei den Hinterhufen. Tritt da nicht ab und zu auch mal einer aus?«

»Lord bestimmt nicht. Aber trotzdem muss man immer aufpassen und vorsichtig sein. Bringst du ihn rein?«

Herr Färber sah Maja unsicher an. »Allein? Nur wenn du dabei bleibst.«

»Klar doch.«

Ihr Vater band Lord los, führte ihn in die Box und gab ihm noch eine Möhre. »Bist wirklich ein netter Bursche. Bleib schön weiter so lieb, ja?«, meinte er, während er hinausging und die Tür hinter sich schloss. »Was macht eigentlich dein Reiterpass? Geht es vorwärts? Kommst du gut zurecht?«

Maja nickte. »Heute Abend ist die erste Theoriestunde, und heute Nachmittag springen wir noch. Ich bin schon gespannt, wie es geht, aber Niko war heute Vormittag so süß wie immer, und es war eine super Reitstunde. Komm, sag ihm doch auch noch schnell Hallo!«

Maja ging zu Nikos Box am Ende der Stallgasse vor. Zu ihrer Überraschung war Niko aber nicht allein. Dörte stand in seiner Box und trenste ihn auf. Maja zog die Stirn kraus. »Was machst du denn da?«, fragte sie.

Dörte drehte sich um und wischte sich eine Haarsträhne aus der Stirn.

»Ich passe ihm gerade meine Trense an. Die habe ich zum Springen mitgebracht.«

Maja sah sie verdutzt an. »Aber Niko hat doch eine eigene Trense, die ihm sehr gut passt.«

»Ach, diese olle Wassertrense ist doch viel zu dick, um wirklich zu arbeiten. Mit einer dünneren kann man ihn noch viel besser reiten. Und wenn ich schon eine habe, will ich sie auch benutzen.«

Niko schien das neue Gebiss gar nicht zu mögen. Unwillig schlug er mit dem Kopf.

»Stell dich nicht so an«, sagte Dörte barsch und zog kräftig am Zügel. Sofort hörte Niko mit dem Kopfschütteln auf und hielt den Kopf gesenkt.

»Na also. Es geht doch. Und sie passt dir wie angegossen, alter Junge.«

Zufrieden nahm Dörte die Trense wieder ab und verließ die Box. »Ich hänge sie auf seinen Haken«, sagte sie. »Und wenn du ihn aufzäumst, dann bitte mit dieser. Zumindest zum Springen. Aber hinterher wieder abwaschen. Ich will nicht, dass sie nach einer Woche total verdreckt ist.«

Maja hatte die ganze Zeit auf ihrer Lippe herumgeknabbert. Dass sie Niko nicht für sich allein hatte und ihn beim Springen teilen musste, war schon hart. Aber dass Dörte ihr jetzt auch noch vorschrieb, ihn mit einer Trense zu reiten, die Niko offensichtlich gar nicht mochte – das war der Hammer! Trotzig verschränkte sie die Arme vor der Brust.

»Hast du Britta überhaupt gefragt, ob das mit der Trense okay ist?«

»Hast du Britta gefragt, ob das mit deinem Halfter okay ist?«, fragte Dörte schnippisch zurück und sah sie spöttisch an.

Maja war über die prompte Antwort so verdutzt, dass sie einen Moment nicht wusste, was sie darauf sagen sollte. Klar, Dörte wollte genau wie sie ihr eigenes Pferdezubehör benutzen, wenn sie schon kein eigenes Pferd hatte. Aber war es nicht ein großer Unterschied, ob man mit einer schärferen Trense ritt oder nur ein normales Halfter zum Führen und Anbinden verwendete?

Dörte wendete sich zum Gehen.

»Und Boy?«, fragte Maja schnell. »Bleibt er dein Pflegepony?«

»Wer denn sonst? Ich habe Niko ja nicht gekriegt …«, sagte Dörte mit einem Seitenblick auf Niko. »Aber wenn Boy sich nicht zu blöd anstellt, dann schaffe ich auch die Dressur. Mit Niko bräuchte ich mir allerdings überhaupt keine Gedanken zu machen. Der macht doch alles von allein. Herzlichen Glückwunsch.« Verächtlich verzog Dörte den Mund.

Maja ärgerte sich, war aber viel zu erleichtert darüber, dass Dörte Boy als ihr richtiges Pflegepony betrachtete, um Dörte auch eine patzige Antwort zu geben.

»Ich gehe dann, Maja«, rief ihr Papa, und Maja fuhr erschrocken herum. Ihren Vater hatte sie ganz vergessen, aber glücklicherweise schien er von der Meinungsverschiedenheit zwischen Dörte und ihr nichts mitgekriegt zu haben. Er stand ein paar Boxen weiter bei Donna.

»Ich muss unbedingt etwas tun, damit ich keinen Muskelkater kriege. Mama und ich werden heute noch ins Wellenbad gehen – da ist gerade Warmbadetag. Genau das Richtige für einen älteren Herrn wie mich nach einer Reitkur.«

Maja nickte. »Und wenn du morgen nicht pünktlich um halb elf hier bist und Lord sattelst, rufe ich dich an«, sagte sie streng.

Herr Färber zog eine Grimasse. »Eigentlich bezahle ich doch viel Geld dafür, dass ich ein geputztes, geschniegeltes und gebügeltes Pferd bekomme, das mich nett und artig durch die Gegend trägt. Oder sehe ich das falsch?«

»Ganz falsch«, erwiderte Maja und musste jetzt doch grinsen, obwohl ihr gar nicht danach zumute war. »Grüß Mama von mir und viel Spaß beim Wellenreiten.«

»Werden wir haben.« Herr Färber nickte kurz in Dörtes Richtung und ging dann mit leisem Stöhnen und leicht o-beinig die Stallgasse hinunter.

»Wie war denn seine erste Reitstunde?«, erkundigte sich Dörte.

»Okay.« Irgendwie hatte Maja keine Lust mehr, sich mit Dörte zu unterhalten. Bisher hatte sie sie gemocht, aber die Sache mit Niko ging ihr schon jetzt viel zu weit. Doch was konnte sie tun? Niko war eben nicht ihr Pony, und Britta hatte entschieden, dass Dörte ihn auch ritt. Ob das neue Pony eine Lösung wäre?

Kapitel 9

Am Nachmittag ging Maja mit ihrem neuen Halfter zur Weide, um Niko zu holen und für die Springstunde fertig zu machen. Es war zwar noch über eine Dreiviertelstunde Zeit, doch sie freute sich riesig, ihn damit zum ersten Mal zum Stall zu führen und ganz in Ruhe zu putzen und zu satteln. Ein bisschen aufgeregt war sie immer noch. Ein Pony von der Weide zu holen war nicht unbedingt die einfachste Sache der Welt. Hoffentlich ließ Niko sich wie immer brav einfangen, und hoffentlich kamen die anderen Pferde nicht gleich neugierig an. Das fand Maja immer etwas ungemütlich. Tim oder Pia verscheuchten die Pferde und Ponys einfach mit lauter Stimme oder mit wedelnden Armen, aber Maja war da nicht so mutig. Aber es würde bestimmt wieder gut gehen.

Als Maja am Weidezaun angekommen war, stutzte sie. Niko war nirgends zu sehen! Sie kletterte über den Zaun und ließ ihre Augen suchend über die Wiese streifen. Aber sie hatte sich nicht getäuscht: Alle Ponys und Pferde grasten friedlich vor sich hin, nur Niko war nicht dabei.

Mit einem unguten Gefühl im Bauch rannte Maja zum Putzplatz zurück und tatsächlich: Dort stand Dörte

197

neben Niko und warf gerade einen Striegel in Majas Putzbox.

»Hi, ich habe schon angefangen«, sagte sie, als sie Maja kommen sah. »Machst du die Hufe und den Schweif? Zieh aber bloß keine Haare aus dem Schweif. Der ist sowieso schon so dünn. Dann hole ich jetzt das Sattelzeug.«

Maja war fassungslos. Was erlaubte Dörte sich eigentlich? Nicht nur, dass sie Niko einfach von der Weide holte – es war auch oberdreist, sich, ohne zu fragen, den Putzkasten zu nehmen und ihr dann noch zu sagen, wie sie mit Nikos Schweif umgehen sollte.

Wütend griff sie nach der Kardätsche und traute ihren Augen kaum: Das komplette Putzzubehör lag durcheinander und schmutzig im Kasten. Maja hatte es am Morgen selbst zum ersten Mal benutzt und hinterher wieder alles an seinen Platz gelegt. Sie hätte heulen können, so wütend war sie.

»Es ist alles so blöd, Niko«, sagte Maja leise und lehnte ihren Kopf gegen seinen Hals. Ein paar Tränen fielen in sein Fell. »So habe ich mir diese Ferien wirklich nicht vorgestellt.«

Niko schnaubte und stupste sie leicht mit seinem Maul an. Maja streichelte seine Stirn und zog ein Stückchen altes Brot aus ihrer Reithose.

»Hier, mein Süßer. Du hast vollkommen recht. Ich darf uns das nicht bieten lassen! Wenn Dörte dich noch mal vor der Stunde holt und mit meinen Sachen putzt, dann kann sie was erleben. Das verspreche ich dir.« Entschieden wischte sie sich die Tränen von der Wange und begann, Nikos Schweif zu verlesen.

»Ich hoffe, du hattest nichts dagegen, dass ich dein Putzzeug nehme. Ist ja schließlich auch dein Pflegepony«, sagte Dörte spitz, als sie mit Trense und Sattel über dem Arm zurückkam.

»Und wie ich etwas dagegen habe!«, rief Maja erregt. »Wenn du meine Sachen benutzen willst, dann frag vorher gefälligst.«

Dörte sah sie überrascht an. »Was regst du dich denn so auf? Was ist denn dabei, wenn ich schon mal anfange? Deine Sachen standen nun mal direkt vor seiner Box.«

»Das ist noch lange kein Grund, sie auch zu nehmen«, antwortete Maja grimmig und wollte Dörte die Trense abnehmen. Dörte zog ihre Hand zurück.

»Das mache ich, ist ja schließlich auch meine. Du kannst satteln.«

Maja war kurz davor, Dörte den Sattel vor die Füße zu schmeißen und zu schreien: »Finger weg von meinem Pflegepony!«, als Britta um die Ecke bog.

»Na, macht ihr Niko heute gemeinsam fertig? Und wo ist Boy?«

Dörte sah Britta irritiert an. »Boy? Wieso Boy?«

»Für die Dressur! Ich hatte doch heute Morgen gesagt, dass ihr Niko abwechselnd eine halbe Stunde springt und die andere halbe Stunde im Außenviereck mit Boy übt.«

»Das … daran …«, stotterte Dörte, »… hatte ich gar nicht mehr gedacht. Boy ist noch auf der Weide.«

Britta sah auf ihre Armbanduhr. »Du hast noch eine Viertelstunde Zeit. Dann springt Maja mit Niko zuerst.«

Dörte nickte verdattert und rannte Richtung Weide davon, während Britta weiterging. Plötzlich blieb sie stehen, drehte sich um und kam zurück.

»Dann hab ich mich doch nicht getäuscht. Was ist denn das für ein Kopfstück?«

»Die Trense gehört Dörte. Sie will Niko damit springen.«

Britta runzelte die Stirn und schob Nikos Maulwinkel zur Seite.

»Das ist ja auch ein schärferes Gebiss! Und außerdem ist alles viel zu eng verschnallt. Hier, unter den Kinnriemen müssen noch zwei Finger passen. Da kriege ich aber nicht mal mehr meinen Fingernagel zwischen!«

Verärgert schnallte Britta die Trense auf. »Es geht nicht, dass einfach die Ausrüstung der Pferde ausgewechselt wird. Ich werde gleich mit Dörte reden und es allen anderen auch noch mal sagen.«

»Ich habe ein Halfter mitgebracht und es gestern und heute auch schon für Niko benutzt ...«

»Dein Halfter kannst du nehmen, sooft du willst. Das wirkt ja nicht direkt auf das Pferd ein. Nein, es geht um Sattel, Zaumzeug und natürlich um das Gebiss. Eine dicke und einfach gebrochene Wassertrense ist für das Pferd am angenehmsten. Je dünner ein Gebiss ist, umso schärfer wirkt es. So was gehört nur in die Hand von erfahrenen Reitern.« Britta hatte inzwischen die Trense abgenommen und Niko das Halfter übergestreift. Sofort flehmte er herzhaft und kaute ein paarmal wie befreit hin und her.

»Hol bitte seine Trense und mach weiter. Bis gleich.« Mit energischem Schritt ging Britta Richtung Reithalle davon.

Maja band Niko fest, flitzte in die Sattelkammer und holte seine Trense. Dann zäumte sie ihn behutsam auf. »Dörtes Trense musst du jedenfalls nie wieder tragen. Die kann sie sich an die Wand nageln«, sagte Maja und freute sich jetzt auch wieder richtig auf die Springstunde.

Kapitel 10

»In der Bahn bleiben Maja, Pia, Isabel und Pauline. Dörte, Nicola und Sarah gehen ins Außenviereck zu Tim.« Britta stand an der hölzernen Bande der Reitbahn und öffnete die Tür, um die Ponys hinauszulassen. »Und noch etwas sehr Wichtiges«, fuhr sie mit ernster Stimme fort. »Keine Experimente mit unseren Pferden! Weder werden irgendwelche privaten Salben ausprobiert noch Futtermittel verabreicht, noch wird an der Reitausrüstung herumgebastelt – geschweige denn eine eigene verwendet. Jedes Pferd hat bei uns seinen eigenen Sattel und seine eigene Trense, die ihm extra angepasst wurden, damit keine Druckstellen entstehen und die Pferde leiden. Passendes, pferdefreundliches Sattelzeug ist das A und O der Reiterei! Gegen euer eigenes Putzzeug, eure Halfter und hin und wieder Pferdeleckerli als Belohnung ist nichts einzuwenden, solange ihr keinen Zucker füttert. Denn der erzeugt auch bei Pferden Karies.«

»Dörte denkt jetzt bestimmt, dass ich sie bei Britta verpetzt habe«, meinte Maja besorgt zu Pia, die neben ihr auf Fratz saß. Sie hatte ihr vor der Reitstunde noch schnell alles erzählt.

»Glaube ich nicht. Und wenn, dann sagst du ihr einfach, dass Britta es selbst gesehen hat.«

Maja nickte.

»He, ihr Quatschtanten auf Fratz und Niko! Die Schnabbelzeit ist vorbei!«, rief Britta ihnen zu, und sofort konzentrierten sich Maja und Pia ganz auf ihre Ponys. Pia nahm an der Springstunde teil, weil sie von Brittas Unterricht für ihre eigenen Stunden, die sie ab und zu in Bremen gab, viel lernen konnte.

»Wir fangen mit einfachen Cavalettis an, und am Ende der halben Stunde springt ihr eine kleine Kombination von drei Cavalettis, von denen eines doppelt so hoch ist. Bei der Reiterpass-Prüfung müsst ihr im Außenviereck drei Sprünge nehmen. Wenn euer Pferd sie bei der Prüfung verweigert oder ihr daran vorbeireitet, dann bitte unbedingt noch mal anreiten. Sonst gilt die Prüfung als nicht bestanden.«

Maja wurde nervös. Sie wusste zwar, dass Niko gern und zuverlässig sprang – aber es könnte ja sein, dass sie ihn störte, weil sie ihm nicht die richtigen Hilfen vor dem Sprung gab. Oder ihm hinterher in den Rücken fiel. Immerhin war ihr letzter Sprung drei Monate her.

»Maja, du zuerst. Wirf dein Herz über die Hürde!« Britta sah auffordernd zu ihr herüber.

Maja schluckte und setzte sich im Sattel zurecht. Dann fasste sie die Zügel nach und galoppierte an. Ruhig nahm Niko Kurs auf die vier Bodenricks und sprang gelassen darüber.

»Das war prima«, lobte Britta. »Aber beim nächsten Mal nicht so früh aufstehen. Bis kurz vor dem Sprung aussitzen, ja?«

Maja nickte erleichtert und strahlte. Das war genauso schön, wie sie es in Erinnerung hatte. Nach diesem ersten Durchgang war ihre Aufregung komplett verschwunden, und sie konnte gar nicht genug davon bekommen, mit Niko wieder und wieder über die niedrigen Hindernisse zu reiten.

Spannend wurde es noch einmal, als Britta die kleine Kombination aufbaute. »Noch einmal für alle: Gerade anreiten, erst kurz vor dem Sprung in den leichten Sitz gehen und über dem Sprung den Hals freigeben«, rief sie. »Pia fängt diesmal an.«

Maja wurde angesichts der zwei Cavalettis aufeinander jetzt doch wieder etwas flau. Ob sie das schaffte? Fratz jedenfalls nahm die Hürden, als seien sie gar nicht vorhanden, und auch Cremello ließ sich von Isabel kontrolliert und locker darüberreiten. Nur Charly war nach den ersten zwei kleinen Sprüngen so in Fahrt, dass er auf den letzten richtig zuraste und Pauline alle Mühe hatte, ihn zu bremsen. Sie nahm ihn so stark zurück, dass es einen Moment lang aussah, als würde er gar nicht springen. Kurz vor dem Hindernis machte er dann aber doch noch einen Satz, schlug danach einen Haken und bockte dann noch einmal kräftig. Pauline wäre fast hinuntergefallen, konnte sich aber gerade noch halten und parierte Charly mit hochrotem Kopf durch.

»Das war nicht Charlys Schuld, Pauline«, sagte Britta. »Vor dem Hindernis hast du ihn so eingebremst und dann wieder so heftig getrieben, dass er gar nicht mehr wusste, was er tun sollte. Du hast ihn zwischen den Hindernissen nicht ordentlich aufgenommen, deshalb konnte er

so schnell werden. Macht nichts. Morgen arbeiten wir daran.«

Pauline nickte und ritt Charly im Schritt vom Hufschlag.

»So, jetzt noch Niko.«

Maja holte tief Luft und nahm ihren ganzen Mut zusammen. Hoffentlich würde Niko nicht auch so heftig werden wie Charly, dachte sie, während sie leicht in seine Flanken klopfte und die Zügel freigab.

Niko galoppierte sofort an. Fließend sprang er über die drei Hindernisse und ließ sich danach sofort wieder willig durchparieren.

Maja strahlte über das ganze Gesicht. »Mann, macht das Spaß«, rief sie strahlend und klopfte begeistert Nikos Hals.

»Das soll es ja auch«, sagte Britta zufrieden. »Das war schon ganz prima. Und jetzt ist Wechsel. Maja übergibt Niko in der Bahn.«

Ungläubig sah Maja auf die große Hallenuhr. Sie konnte gar nicht glauben, dass die halbe Stunde schon um war. Aber es war tatsächlich halb fünf. Seufzend lenkte sie Niko in die Mitte der Bahn, sprang aus dem Sattel und lobte ihn ordentlich.

Dörte stellte sich mit Boy direkt neben sie.

»Brauchst du eine andere Steigbügellänge?«, fragte Maja.

»Die stelle ich mir schon selbst ein, keine Sorge«, sagte Dörte gereizt und prüfte mit ihrem Arm die Bügellänge an Nikos Sattel.

Schulterzuckend nahm Maja Boy am Zügel und folgte Pia und Fratz aus der Halle. Keine Frage, Dörte war

stinksauer auf sie. Wahrscheinlich hatte Britta ihr in aller Deutlichkeit gesagt, was sie von der Trensenaktion hielt. So nett Britta war, sie konnte auch richtig streng sein.

Mit gedämpfter Stimmung schwang sie sich draußen im Viereck auf Boy und ritt ihn im Schritt an.

Tim musterte sie. »Im Vergleich zu Niko ist Boy eine Dampfwalze. Er ist viel schwerfälliger und einfach faul. Aber wenn er mal warm ist und merkt, dass von oben immer Treibstoff nachkommt, dann geht es ganz gut«, sagte er und ging in die Mitte des Vierecks. »Du musst ihn aktiv reiten und energisch treiben, sonst latscht er nur träge vor sich hin.«

Maja verstand schnell, was Tim meinte. Boy in Bewegung zu bringen war schon mühsam, aber noch anstrengender war es, ihn auch in Schwung zu halten. Doch mit unermüdlichem Einsatz von Kreuz- und Schenkelhilfen schaffte Maja es schließlich, dass auch Boy flott unterwegs war.

»Nicht schlecht«, meinte Tim am Ende der Stunde. »Wenn du Boy mehr reiten würdest, würde er vielleicht noch ein ganz passables Dressurpony werden und richtig Spaß an der Bewegung finden. Deinem Druck kann er sich ja gar nicht entziehen.«

Majas Wangen fingen sofort wieder an zu glühen, so sehr freute sie sich über Tims Lob. Aber diesmal würde es bestimmt nicht auffallen, da sie vor Anstrengung sowieso schon einen hochroten Kopf hatte.

»Tim hat total recht. Du reitest Boy super. Nur schade, dass Dörte es nicht gesehen hat«, sagte Pia, als sie gemeinsam die Pferde aus dem Viereck führten. »Die würde vor Neid erblassen.«

Kapitel 11

Nach dem Abendessen trafen sich alle im Ponystübchen zum Theorieunterricht. Der Raum im Erdgeschoss des Ponyhauses wurde so genannt, weil dort viele Bilder und Zeichnungen der Ponys vom Dünenhof hingen. Außerdem gab es hier Spiele, Bücher, Pferdezeitschriften und seit Neuestem auch einen PC mit Internetanschluss. Dass es keinen Fernseher gab, hatte Maja im Sommer zunächst erschreckt, aber sie hatte ihn dann tatsächlich nicht ein einziges Mal vermisst. Jetzt fiel es ihr gar nicht mehr auf.

Pauline machte es sich in dem großen Ohrensessel am Kachelofen gemütlich, während Maja und Pia sich auf das große dunkelgrüne Samtsofa setzten und ihre Bücher auf den niedrigen Couchtisch davor legten.

Troll döste auf seiner karierten Decke vor dem Ofen.

Auch Nicola und Sarah waren da. Sie saßen am großen Tisch und unterhielten sich mit Tim, als Britta mit einer großen Thermoskanne, Teetassen und Büchern unter dem Arm hereinkam. Hinter ihr schlüpften Isabel und Dörte durch die Tür. Isabel nahm sich ein Kissen aus dem Weidenkorb am Eingang und setzte sich neben Troll auf den Boden, während Dörte einen Moment zu überlegen

schien, ob sie sich auf den freien Sofaplatz neben Pia setzen sollte. Schließlich holte sie sich ebenfalls ein Kissen und ließ sich auf der anderen Seite von Troll nieder.

Bestimmt will sie nicht in meiner Nähe sitzen, dachte Maja. Zwischen Springstunde und Abendessen hatte sie keine Gelegenheit gehabt, mit Dörte zu reden, und Maja nahm sich fest vor, es nach dem Theorieunterricht zu tun. Auf diese gespannte Atmosphäre hatte sie wirklich keine Lust.

Britta setzte sich neben Tim, verteilte die Tassen und goss allen Tee ein. Dann schlug sie das Buch auf.

»Ich sag euch noch mal in Kurzform, worum es bei der Reiterpass-Prüfung geht«, begann Britta. »Im theoretischen Teil werden Grundkenntnisse der Reitlehre wie Sitz, Hilfen und Gangarten abgefragt und Fragen zu Pferdehaltung, Fütterung, Krankheiten und Giftpflanzen gestellt. Außerdem müsst ihr wissen, wie man sich im Straßenverkehr verhält und wie man Unfälle vermeidet. Darüber hinaus solltet ihr die wichtigsten Rechtsvorschriften kennen und Erste Hilfe für Mensch und Tier anwenden können.«

»Puh, ist das viel!«, stöhnte Pauline. »Und das sollen wir alles in den paar Tagen lernen?«

»Du hättest schon vorher damit anfangen können. Das habe ich euch auf meinem Informationsblatt ausdrücklich empfohlen«, antwortete Britta. Pauline nickte betreten.

»Aber keine Sorge, es ist zu schaffen«, beruhigte Britta sie. »In den sechs Stunden Theorie können wir natürlich nicht alles erschöpfend behandeln. Daher solltet ihr die Themen noch mal selbst nachlesen, und wenn euch etwas unklar ist, in der nächsten Theoriestunde nachfragen.«

»Werden wir eigentlich einzeln geprüft?«, wollte Maja wissen.

»Nein, in einer Gruppe. Ihr sitzt alle hier am Tisch, und die Prüfer fragen die Reiterpass-Kandidaten der Reihe nach ab. Wenn ihr etwas mal nicht wisst, ist das nicht schlimm. Aber eine der nächsten Fragen solltet ihr dann schon beantworten können. Bei der Theorie kann man kaum durchfallen, wenn man sich wirklich für Pferde interessiert und gut vorbereitet ist. Mit der Pferdehaltung und Fütterung fangen wir heute an.«

Maja war froh, dass sie schon seit ein paar Wochen für den Reiterpass lernte und nicht erst jetzt damit anfing. Sie konnte die meisten Fragen richtig beantworten.

Tim, Pia, Isabel und Dörte wussten auch sehr viel. Nur Pauline sorgte mit ihren geratenen und oft sehr fantasievollen Antworten für allgemeine Heiterkeit.

Nach einer Stunde klappte Britta das Lehrbuch zu und erhob sich.

»Morgen geht es dann mit Gesundheit und Zucht weiter. Du solltest dir das Kapitel vorher schon ansehen, Pauline. Dann musst du deine Antworten nicht ganz so kreativ gestalten.«

»Schon gut«, meinte Pauline grinsend. »Aber lustig war's doch.«

»Auf jeden Fall. Aber für den Unterhaltungswert gibt es leider nicht den Reiterpass«, antwortete Britta lächelnd.

Beim Hinausgehen war Dörte plötzlich neben Maja.

»Das hast du ja sauber hingekriegt«, fauchte sie.

»Jetzt mach aber mal halblang!«, sagte Maja laut und sah Dörte mit funkelnden Augen an. »Britta hat die Trense

gesehen und gefragt, wem die gehört, als du gerade Boy geholt hast.«

»Quatsch. Britta ist weitergegangen, als ich auch gegangen bin.«

»Ja, aber dann ist sie noch mal zurückgekommen, weil ihr etwas an Niko komisch vorgekommen war.«

»Pah, und das soll ich dir glauben?« Dörte warf Maja einen abfälligen Blick zu, machte auf dem Absatz kehrt und ging in ihr Zimmer.

»Was ist denn jetzt wieder los?«, wollte Pauline wissen, die nur den Schluss der Szene mitgekriegt hatte.

»Ach, Dörte denkt natürlich, dass ich sie verpetzt habe, und glaubt nicht, dass Britta von selbst die andere Trense bemerkt hat.«

»Ist die denn nur doof? Meint sie, Britta kennt die Ausrüstung ihrer Pferde nicht?«

»Wahrscheinlich. Aber die soll mir jetzt mal den Buckel runterrutschen«, knurrte Maja und band sich den Sportschuh zu.

Pauline klopfte ihr auf die Schulter. »Genau. Komm, wir gehen in die Reithalle. Da sind gerade die Privatreiter, und Tim reitet doch heute Abend noch Lord. Das will ich unbedingt sehen.«

»Stimmt, hatte ich ganz vergessen!« Plötzlich war Majas Niedergeschlagenheit wie weggeblasen. »Warte auf mich, ich bringe nur schnell meine Putzkiste nach oben. Die hat Dörte heute auch zum letzten Mal benutzt.«

Kapitel 12

Am nächsten Morgen, als Maja gerade Niko nach der Reitstunde auf die hintere Weide gebracht hatte, fuhr ein blauer VW-Bus mit der Aufschrift »Reitergut Dünenhof« samt Hänger in den Hof.

»Jan und das neue Pony sind da«, schrie sie aufgeregt und rannte zu den Kastanien in die Mitte des Hofes, wo Jan den Bus einparkte. Pauline und Pia kamen wie der Blitz aus dem Stall gesaust, während Tim vom Putzplatz herüberbummelte.

»Die Deerns«, begrüßte Jan die Mädchen fröhlich beim Aussteigen. »Wie schön, euch alle wiederzusehen. Moin, Tim. Alles klar?«

»Na klar. Was denkst du denn?«, erwiderte Tim und grinste breit.

»Toll, dass du jetzt auch wieder da bist«, sagte Maja strahlend zu Jan. »Wir haben dich schon vermisst!« Sie deutete auf den Hänger. »Und du hast wirklich ein neues Pony mitgebracht?«

»Ach so, ihr habt euch wegen des neuen Ponys so beeilt, nicht wegen mir? Das hätte ich mir ja denken können …« Jan lächelte. »Aber ja – wir haben ein neues Pony.

Ein richtiges Springtalent, das allerdings in der letzten Zeit nur wenig geritten wurde.«

Er ging zum Hänger, öffnete die Rampe und ging hinein.

Ein Pferd im Stall wieherte, und Maja drehte sich kurz um. Da sah sie das Mädchen wieder, das am Tag ihrer Ankunft bei Niko am Weidezaun gestanden hatte. Jetzt wartete sie am großen Tor der Reithalle und sah zu ihnen hinüber.

Maja stieß Pauline in die Rippen.

»Aua«, rief Pauline empört und rieb sich die Seite. »Dein spitzer Ellenbogen tut doch weh!«

»Komm, stell dich nicht so an«, sagte Maja ungeduldig. »Sag mir lieber, wer das Mädchen da vorn ist.«

Pauline folgte Majas Blick und zuckte mit den Schultern. »Keine Ahnung. Bestimmt macht sie Ferien im Ort und mag einfach Pferde. Mich interessiert ehrlich gesagt das neue Pony viel mehr.«

Plötzlich gab es einen heftigen Schlag, und dann stürmte ein dunkelgraues Pony mit lautem Gepolter rückwärts aus dem Hänger und zog Jan am Führstrick hinter sich her. Mit weit geblähten Nüstern und bebenden Flanken blieb es kurz hinter der Rampe stehen und wieherte ein paarmal aufgeregt.

»Hoola, hoola, meine Gute, hoola. Ist ja alles in Ordnung. Hoola«, beruhigte Jan das Tier.

Maja stockte der Atem. So ein schönes Pony hatte sie noch nie gesehen! In seinem edel geformten Kopf funkelten feurige Augen, und sein dunkelgraues Fell war mit hellgrauen Flecken durchsetzt. Schweif und Mähne

waren etwas heller als das Fell. Trotz seines zierlichen Körperbaus wirkte das Pony kräftig und robust. Es war zwar größer als Niko, aber es erinnerte Maja doch sehr an ihn. Aber mit seiner eleganten Ausstrahlung hatte es auch etwas von Pias noblem Pony Fratz.

»Darf ich vorstellen … Bess«, sagte Jan keuchend und wischte sich mit dem Handrücken den Schweiß von der Stirn. »Seid nett zu ihr, dann ist sie bestimmt auch nett zu euch.«

»Nobel«, meinte Pia mit Kennerblick. »Sogar sehr nobel. Ein richtiges Turnierpony. Was kann sie denn?«

»Tja, gute Frage. Bess ist tatsächlich schon Turniere gegangen, sogar mit Erfolg. Sie ist erst sechs Jahre alt und hat in E- und A-Dressurprüfungen und in Springen viermal einen zweiten und dreimal einen ersten Platz gemacht. Sie hat ein tolles Sprungvermögen. Dann wurde sie allerdings an eine reine Freizeitreiterin verkauft, die sich von Bess aus gesundheitlichen Gründen trennen musste und sie an einen Freund von uns verkauft hat. Er fand, dass sie gut zum Dünenhof passen würde, und jetzt ist sie hier.«

Jan betrachtete das Pony. Es hatte sich beruhigt, stand aber immer noch mit gespitzten Ohren und weit aufgerissenen Augen da, bereit, jeden Moment loszustürmen.

»Wenn sie so gut ist, dann kann sie doch schon die Reiterpass-Prüfung mitgehen«, sagte Dörte und sah Jan erwartungsvoll an.

»Nein, auf gar keinen Fall«, antwortete Jan entschieden. »Bess ist überhaupt nicht in Form und soll sich langsam bei uns eingewöhnen. Natürlich wird sie bewegt, aber behutsam und ohne Anforderung. Pia – Britta und

ich möchten, dass du dich um sie kümmerst. Hättest du Lust?«

»Na klar!«, rief Pia begeistert. »Sehr gern sogar!«

Dörte machte ein enttäuschtes Gesicht. Seltsamerweise war Maja erleichtert, dass Dörte mit Bess nicht springen sollte, obwohl es ja bedeutete, dass sie Niko weiter mit ihr teilen musste. Aber irgendwie wollte sie nicht, dass Dörte dieses Pony bekam. Ein wenig enttäuscht war Maja aber auch. Sie wäre ebenfalls gern von Jan gebeten worden, Bess zu pflegen. Natürlich verstand sie, dass er das neue Pony Pia anvertraute. Tim hatte mit den Pferden und seiner eigenen Prüfung genug zu tun, und Pia war nun mal die beste und die erfahrenste Reiterin von allen. Außerdem hatte sie Zeit, weil sie weder für Prüfungen noch für Turniere trainierte. Aber trotzdem spürte Maja einen kleinen Stich, dass sie nicht gefragt worden war.

»Ist Bess auch ein Connemara-Pony?«, fragte sie und hoffte, dass man ihr die Enttäuschung nicht anmerkte.

Jan stieß einen Pfiff aus. »Stimmt. Sie ist wie Niko irischer Abstammung. Du bist ja schon eine richtige Expertin.«

Maja ging das Kompliment runter wie Öl.

»Kannst du Bess dann bitte übernehmen, Pia? Ich muss unbedingt etwas essen. Zeig Bess bei einem kleinen Spaziergang den Hof und die Feldwege und lass sie danach allein auf die vordere Weide. Morgen machen wir sie dann mit den anderen bekannt. Sie wird sich auf dem Dünenhof bestimmt wohlfühlen.«

Pia nahm Jan das Pony ab. »Kommt ihr mit?«, fragte sie Maja und Pauline.

Pauline schüttelte bedauernd den Kopf. »Ich muss noch lernen. Sonst habt ihr heute Abend wieder viel zu lachen.«

»Ich komme gern mit«, sagte Maja schnell. »Und ich könnte doch auch Niko mitnehmen. Dann fühlt sich Bess bestimmt sicherer. Natürlich frage ich vorher Jan.«

»Super«, meinte Pia, und Maja lief in den Stall, um kurz darauf mit Niko am Führstrick zurückzukommen. Jan hatte nichts gegen einen Spaziergang gehabt, bat sie aber, vorsichtig zu sein.

Maja führte Niko langsam an Bess heran, und die beiden schienen sich nach ausgiebigem Beschnuppern sofort zu verstehen. Bess hatte sich inzwischen völlig beruhigt und ließ sich willig neben Niko über den Hof führen. Nach ein paar Runden bogen sie in den Feldweg ein, wo ihnen Herr Färber auf dem Fahrrad entgegenkam.

»Was ist denn das? Ihr geht spazieren, während ich Unterricht habe?«

»Das ist Bess, unser neues Pony, Papa. Pia und ich gewöhnen es gerade ein«, sagte Maja stolz und klopfte Bess den Hals.

»Hübsch. Sieht ja fast so aus wie dein Niko. Nur größer und dunkler.«

»Es ist auch die gleiche Rasse. Aber Bess ist viel jünger und daher noch ein Apfelschimmel. Aber bestimmt wird sie später genauso weiß wie er.«

»Aha.« Herr Färber streichelte Niko über die Nase. »Und was sagt er dazu? Ist der Gute nicht neidisch?«

Maja schüttelte den Kopf und wuschelte Niko zärtlich durch die Mähne. »Glaube ich nicht. Er weiß ja, dass er der Allerbeste ist.«

»Dann ist ja gut«, meinte Herr Färber. »Auf mich wartet jetzt der edle Lord mit einer Longenstunde, und meine Tochter hat gesagt, dass ich mich nicht verspäten darf. Eigentlich wollte sie mir auch beim Satteln helfen …«

Maja schlug erschrocken die Hand vor den Mund. »Mensch, das habe ich ja ganz vergessen! Natürlich helfe ich dir. Fahr schon mal vor, ich bin gleich da.«

»Nett, dass man sich auf seine Tochter noch verlassen kann.« Majas Vater schwang sich wieder auf das Rad und strampelte los.

»Tut mir leid, Pia, ich hatte es ihm wirklich versprochen. Aber wenn du heute noch mit Bess arbeitest, dann sag mir bitte Bescheid. Ich möchte unbedingt zusehen.«

»Kein Problem«, erwiderte Pia. »Übrigens würde ich mich freuen, wenn du mir bei Bess hilfst. Zusammen macht es viel mehr Spaß, finde ich. Wir fragen Britta und Jan natürlich noch mal, aber sie sind bestimmt einverstanden.«

Verdattert sah Maja Pia an. Hatte sie vorhin ihre Gedanken gelesen?

»Supergern!«, rief sie und strahlte wie ein Honigkuchenpferd.

»Hab ich mir gedacht. Dann bis gleich beim Essen!«

Pia zog mit Bess weiter, während Maja mit Niko fröhlich zum Stall zurücklief. Wie schnell sich die Dinge änderten!

Plötzlich blieb sie stehen, sah Niko an und streichelte ihm zärtlich über seine Stirn. »Nur damit du es weißt, mein Süßer«, sagte sie leise, »mit Bess werde ich sicher auch eine Menge lernen, aber du bist und bleibst mein absoluter Liebling. Und reiten möchte ich sowieso immer nur dich!«

Kapitel 13

Kalle, der Hufschmied, hatte erst am Mittwoch wieder einen Termin frei und kündigte sich für den Nachmittag an.

»Ihm zuzusehen ist der beste Anschauungsunterricht, den ihr kriegen könnt«, hatte Britta gesagt und in der Theoriestunde am Abend zuvor allen empfohlen, beim Beschlagen dabei zu sein.

Maja wollte schon lange einmal sehen, wie ein Hufeisen angenagelt wird und freute sich, dass sie es in diesen Ferien mitkriegte. Noch dazu bei der nervösen Donna, die sicherlich ein kleines Spektakel veranstalten würde.

Mittwochnachmittag rumpelte dann ein klappriger grüner Volvo mit der Aufschrift »Kalle – der Schmied für alle Fälle« auf den Dünenhof und parkte unter den alten Kastanien.

»Tach auch« grüßte Kalle beim Aussteigen und schlug Jan so kräftig auf die Schulter, dass der ein wenig in die Knie ging.

Er sah genauso aus, wie Maja sich jemanden, der »Kalle« hieß und Schmied war, vorgestellt hatte: groß, stark und mit einem gutmütigen, fröhlichen Gesicht.

»Moin«, grüßte Jan ihn mit einem kräftigen Schlag zurück, der Kalles Standfestigkeit aber nichts anhaben konnte. »Gut, dass du da bist! Es wird höchste Zeit, dass wir Donna für Tim wieder fit kriegen. Britta hätte dich auch gern begrüßt, aber sie holt gerade die Futterlieferung vom Hafen. Dafür habe ich dir dieses interessierte Publikum hier mitgebracht.«

Es waren wirklich alle Reiterpass-Kandidatinnen gekommen und Jan stellte die Mädchen einzeln vor.

»Unsere Damen hier brennen darauf, dir zuzusehen, und es wäre toll, wenn du möglichst viel erklärst«, sagte er abschließend.

»Na klar, mache ich gern und stundenlang, wenn ihr wollt. Und stellt ruhig viele Fragen.«

»Gute Idee. Über den Huf kann man ja auch gar nicht genug wissen, oder Pauline?«, witzelte Jan und zwinkerte Pauline zu.

»Den Huf kann ich inzwischen in- und auswendig«, erwiderte die grinsend. In der letzten Theoriestunde hatte Pauline aber noch gar nichts gewusst und Jan hatte ihr und den anderen geraten, sich gerade den Huf besonders gut einzuprägen, weil er ein Lieblingsthema der Prüfer sei. Noch am selben Abend hatte Pauline dann bis kurz vor Mitternacht im Lehrbuch alles nachgelesen und sich von Maja sogar noch abfragen lassen.

Kalle holte seinen schweren Werkzeugkoffer, einen Amboss und einen Brenner aus dem Kofferraum, stellte alles auf ein Rollbrett und zog damit zum Putzplatz.

Donna, die von Tim am Führstrick gehalten wurde, sah Kalle mit angelegten Ohren entgegen.

»Na, Donna, du wärst jetzt auch lieber mit den anderen auf der Weide als hier bei mir, oder? Wenn du nicht rumzickst, sind wir schnell fertig. Komm, zeig mal her.« Kalle bückte sich und strich an der Außenseite von Donnas Hinterhand entlang. Plötzlich quiekte Donna, trat kräftig aus und warf ihren Kopf so heftig zurück, dass Tim halb mitgerissen wurde und Maja schon fürchtete, der Panikhaken würde sich öffnen und Donna würde davonstürmen.

Kalle war Donnas Tritt geistesgegenwärtig ausgewichen und wartete, bis Tim die Stute wieder beruhigt hatte. Wieder einmal war Maja beeindruckt, wie ruhig Tim in Gegenwart von der nervösen Donna blieb. Sie selbst hätte nie den Mut gehabt, Donna zu halten!

»Auch gut«, brummte Kalle und tätschelte sanft Donnas Hals. »Dann machen wir eben erst ein wenig Unterricht. Was wisst ihr denn schon über den Huf?«, wandte er sich an die Mädchen.

Paulines Finger schoss wie ein Pfeil in die Höhe.

»Hufe bestehen aus einer Art Haut, die wie Hornhaut ungefähr acht bis zehn Millimeter pro Monat wächst. Das ist so wie bei uns mit den Nägeln.«

»Sehr gut«, lobte Kalle, und Donna scharrte mit dem rechten Vorderhuf. »Das ist natürlich ein Angebot, dem ich nicht widerstehen kann!«

Behutsam hob er ihren rechten Vorderhuf auf, und diesmal ließ die Stute es willig geschehen.

»Was ihr hier seht, ist der …«

»Strahl«, antwortete Pauline wieder, und Jan piff leise durch die Zähne.

»Genau. Der Strahl ist ein Polster aus weichem, elastischem Horn. Hier vorn ist die Hornwand, hier ist die Sohle. Da ist das Horn ganz fest. Und in diese weiße Linie werden die Nägel eingeschlagen.«

Konzentriert hörten die Mädchen Kalle zu, der ihnen nach und nach die Teile des Hufs erklärte.

»Und wie werden Hufe gepflegt?«

»Man kratzt sie täglich gründlich vor und nach dem Reiten aus, und wenn sie sehr schmutzig sind, kann man sie auch abspritzen. Das soll man aber nicht zu oft machen. Ab und zu kann man die Hufe auch einfetten, aber nur mit gutem Huffett.« Diesmal war Maja schneller.

»Streberin«, grinste Pauline.

Maja streckte ihr die Zunge raus.

»Wie auch immer, richtig war es auf jeden Fall.« Kalle ließ Donnas Huf wieder los und gab ihr eine Möhre.

»Vielleicht dürfte ich dazu auch noch bemerken«, meldete Jan sich zu Wort, »dass die Qualität des Horns durch die Pflege kaum verändert werden kann. Huffette können spröde Hufe zwar kurzfristig etwas geschmeidiger machen, aber viel besser wirken spezielle Futterzugaben.«

»Du alter Angeber«, grinste Kalle. »Musst den Mädchen auch zeigen, was du so alles weißt, oder?«

»Man hat ja leider nicht oft die Gelegenheit dazu«, seufzte Jan und kratzte sich am Kopf. »Die jungen Reiterinnen von heute wissen ja immer schon alles.«

»Nee, nicht alles«, rief Pauline. »Ich würde zum Beispiel gern wissen, warum manche Pferde überhaupt Eisen haben und manche nicht?«

Kalle nickte. »Ganz einfach: Arbeitet ein Pferd viel, braucht es Hufeisen. Bekommt ein Pferd in einem solchen Fall keine, nutzen sich die harten, unempfindlichen Hornschichten schneller ab, als sie nachwachsen, und die empfindlichen Teile des Hufs können gequetscht werden. Das kann dann zu Lahmheit führen. Und damit das nicht passiert, beschlägt man. Es gibt für Pferde auch Hufschuhe, die man nur zum Reiten benutzt, aber die sind etwas umständlich. So, jetzt geht es los.«

Kalle holte ein Hufeisen aus seiner Werkzeugkiste und hob erneut Donnas Hinterhuf auf. Sie zierte sich zwar zuerst wieder, ließ Kalle dann aber ohne Probleme das Eisen an den Huf halten.

»Passt«, sagte er und nickte zufrieden. »Normalerweise würde ich jetzt mit der Hufzange und dem Hufmesser das überflüssige Horn wegschneiden …«

»Aua.« Maja verzog das Gesicht.

Kalle lachte. »Keine Angst, das tut den Pferden überhaupt nicht weh, das ist wie Nagelschneiden bei uns.« Er deutete auf Donnas Huf. »Da ich das erst vor einer Woche gemacht habe, werde ich den Huf heute nur noch einmal plan raspeln.« Er nahm eine große Feile und bearbeitete den Huf schnell und geschickt. »So, schon fertig.«

Dann zündete er den kleinen Brenner an und hielt mit einer Zange das Eisen hinein. Mit dem rot glühenden Eisen ging er zu Donna zurück.

»Halt sie jetzt gut fest, Tim.« Der Junge nickte, und diesmal hielt Jan den Huf hoch, während Kalle das Eisen kurz aufsetzte. Es qualmte, und Donna schielte nervös nach hinten. »Das verbrannte Horn stinkt natürlich, aber

an den Brandspuren sehe ich, ob das Eisen genau passt, oder ob ich den Huf noch ein bisschen nachschneiden muss. Denn wenn ein Eisen nicht exakt sitzt, kann das Pferd nicht gut laufen.«

Während Kalle das heiße Eisen in einem Eimer Wasser abkühlte, sah Maja verstohlen zu Tim hinüber, der während der ganzen Zeit leise mit Donna sprach und ihr über den Nasenrücken streichelte. So toll wollte sie auch mal mit Pferden umgehen können!

»Früher musste der Schmied übrigens ein Eisen noch selbst biegen. Heute werden die Hufeisen in verschiedenen Größen maschinell in der Fabrik hergestellt und man bearbeitet sie nur noch.«

Mit gezielten Schlägen hämmerte Kalle das Eisen zurecht, nahm dann ein paar Nägel aus seiner Lederschürze, setzte das Eisen auf den Huf und schlug die Nägel seitlich ein.

Wieder machte Maja ein schmerzverzerrtes Gesicht.

»Keine Sorge, Donna spürt nichts«, sagte Tim. »Wenn sie etwas merken würde, dann könnte ich dieses Pulverfass hier bestimmt nicht mehr halten, verlass dich drauf.«

Kalle nickte und streckte sich. »Deshalb ist unsere Ausbildung ja auch so wichtig. Nur geprüfte Hufschmiede dürfen solche Arbeiten machen. Also bitte nicht auf die Idee kommen und selber mal ein Eisen basteln und unternageln, weil es hier so einfach aussieht«, meinte er und zwickte mit einer Zange die Nagelspitzen außen am Huf ab. Den Rest klopfte er vorsichtig gegen die Hufwand. »Noch einmal abfeilen und … fertig ist der neue

Eisenschuh.« Kalle ließ Donnas Hinterhand los und klopfte ihren Hals.

»Das hast du diesmal aber sehr schön gemacht. Du brauchst einfach nur Publikum, oder? Hier, zur Belohnung.« Er hielt Donna einen Apfel hin, den sie sofort krachend zerbiss.

»Und wie oft muss man das alles machen?«, fragte Maja.

»Alle sechs bis acht Wochen. Bei unbeschlagenen Hufen manchmal auch öfter. Es kommt immer darauf an, wie sie abgenutzt werden. Pauline hat ja schon gesagt, dass das Horn in zwei Monaten cirka drei Zentimeter wächst. Darum muss der Hufschmied die Hufe regelmäßig abfeilen.«

»Das ist aber bestimmt teuer, wenn du so oft kommen musst, oder?« Maja hatte noch nie darüber nachgedacht, dass auch diese Kosten zur Pferdehaltung gehörten.

»Allerdings«, stöhnte Jan. »Wenn Kalle uns nicht Mengenrabatt geben würde, dann würden uns allein die Hufe unserer Vierbeiner ein Vermögen kosten. Aber die müssen natürlich top in Ordnung sein. Sonst läuft nix – im wahrsten Sinne des Wortes. ›No hoof, no horse‹ heißt ein englisches Sprichwort.«

»So ist es«, bestätigte Kalle. »Kein Huf, kein Pferd. Denn wenn ein Pferd ungepflegte Hufe hat oder nicht korrekt beschlagen wurde, dann kann es zu Fehlstellungen und – wie schon gesagt – zu Krankheiten kommen. Die sind zwar nicht lebensbedrohlich, können aber die Leistungsfähigkeit bis zur völligen Untauglichkeit einschränken.« Er machte eine Pause und sah die Mädchen der Reihe nach an. »Viele Erkrankungen könnte man vermeiden,

wenn mehr Wert auf das Fachwissen bei Reitern und Pferdehaltern gelegt würde und Hufpflege an erster Stelle stünde. Ich wünschte mir, es gäbe mehr Pferdebesitzer, denen das auch so wichtig ist wie Britta und Jan.«

»Und wie wird man Hufschmied?«, fragte Pauline neugierig.

Kalle sah sie überrascht an. »Könntest du dir das als Beruf vorstellen?«

Pauline nickte. »Irgendwie schon.«

»Finde ich gut«, brummte er. »Wir haben sowieso noch viel zu wenig Frauen in unserer Zunft. Im Gegensatz zum Hufpfleger muss man in Deutschland als angehender Hufschmied eine Ausbildung in einem metallverarbeitenden Beruf haben. Das macht man meistens als Schlosser. Dann absolviert man ein einjähriges Praktikum bei einem staatlich geprüften Hufschmied und wird danach zur Aufnahmeprüfung bei einer staatlichen Lehrschmiede zugelassen. Dort macht man nach Bestehen noch eine vier- bis fünfmonatige Ausbildung in Pferdekunde und am Ende steht dann die staatliche Hufbeschlagprüfung.«

»Interessieren würde mich das schon«, meinte Pauline nachdenklich. »Aber ich hätte keine Lust, Schlosserin zu werden.«

»Tja«, meinte Kalle bedauernd, »das ist eben so geregelt. Aber vielleicht überlegst du es dir ja noch mal. Es ist ein wunderbarer Beruf.«

Er packte sein Werkzeug zusammen und stellte wieder alles auf den Rollwagen.

»Ich wäre dann fertig. Oder haben wir noch einen Kandidaten?«

Jan schüttelte den Kopf. »Nein, es war heute wirklich nur Donna. Isst du noch mit uns zu Abend?«

»Ich würde gern, aber ich muss unbedingt die letzte Fähre erwischen. Morgen habe ich einen langen Weg und viele Termine vor mir. Und ich möchte nicht noch einmal bei euch aufwachen, wie letztes Mal …«

»Stimmt«, sagte Jan und lachte, »das hatte ich schon wieder ganz vergessen.«

»Ich nicht«, grinste Tim. »Ihr wart nach den ganzen Sanddornschnäpsen so angeschickert, dass ihr kaum noch die Betten gefunden habt.«

»Und damit mir das nicht wieder passiert, mache ich mich jetzt auf den Weg.« Kalle schob den Rollwagen zum Volvo, verstaute das Werkzeug im Kofferraum und stieg ein. Bevor er losfuhr, kurbelte er die Scheibe herunter.

»Viel Glück bei den Prüfungen! Und wenn der Huf tatsächlich drankommt, dann dankt der guten Donna. Wahrscheinlich hat sie nur wegen euch das Eisen verloren, damit ihr eure Privatstunde bekommt.«

Kalle startete den Bus und fuhr winkend in seinem altersschwachen Gefährt vom Hof.

»Ist der nett«, meinte Maja begeistert, und Jan nickte.

»Das kannst du laut sagen. Einen so freundlichen, ehrlichen, verantwortungsvollen und humorvollen Freund kann man jedem Pferd und jedem Menschen nur wünschen.«

Kapitel 14

In der nächsten Reitstunde arbeitete Maja mit Niko intensiv an ihrem Sitz und an den Aufgaben für die Dressurprüfung. Es lief wie geschmiert: Niko nahm alle Hilfen willig an, ging nach kurzer Zeit am Zügel, und Britta lobte sie zwischendurch immer wieder.

Maja überlegte, ob ihr besserer Sitz nicht auch mit der neuen Reithose zusammenhängen könnte und fragte Britta nach der Stunde, als sie die Ponys hinausführten.

»Na ja, der Lederbesatz kann den Sitz schon ein wenig optimieren. Aber nur, wenn man schon relativ gut sitzt. Wenn jemand wie heiße Butter im Sattel herumrutscht, nützt auch die beste Hose nichts.«

Das Springen am Nachmittag verlief ebenfalls reibungslos. Niko hatte bisher kein einziges Mal verweigert und sprang wieder fehlerfrei über den Parcours, der mittlerweile schon aus einem Steilsprung, einem kleinen Oxer und einem niedrigen Hochweitsprung bestand.

Auch die anderen kamen mit den Anforderungen gut klar. Charly wäre zwar manchmal lieber an den Hindernissen vorbeigaloppiert, aber Pauline kannte seine Masche mittlerweile und ritt ihn immer so konsequent an

die Hürden heran, dass er einfach darüberspringen musste.

Isabel kam mit Cremello ebenfalls problemlos durch,
und Pia hatte Maja erzählt, dass es bei Sarah und Nicola,
die in der anderen Hälfte der Stunde sprangen, auch gut
lief.

Wenn Maja hinterher auf Boy umstieg, wunderte sie
sich jedes Mal, wie anstrengend er im Vergleich zu Niko
war. Aber sie gab sich auch bei ihm große Mühe und freute sich umso mehr, wenn er nach intensiver Arbeit den
Kopf herunternahm, willig am Zügel ging und das Angaloppieren schließlich ohne Zackeleien klappte.

Die Stunde am Nachmittag gab jetzt Jan, damit Tim
mit Donna wieder für das Abzeichen trainieren konnte.
Donna war zunächst unwillig, buckelte heftig und scheute auch ein paar Mal ohne erkennbaren Grund. Aber Tim
saß alle ihre Sprünge und Haken aus und ließ sich überhaupt nicht von dem nervösen Getue der Stute irritieren.
Maja schielte immer wieder zu den beiden hinüber und
fand mehr denn je, dass Tim ein toller Reiter war.

»Okay«, sagte Jan nach der Stunde. »Fertig. Die Zügel
langsam aus der Hand kauen lassen. Die Ponys gehen auf
die Weide, aber vorher bitte trockenführen. Maja dürfte
Boy ganz schön ins Schwitzen gebracht haben.« Es stimmte. Boy dampfte wie frisch gewaschen, aber Maja war nach
dieser Stunde, in der sie sich wirklich sehr angestrengt
hatte, ebenfalls durchgeschwitzt. Trotzdem zog sie sich ihren Pulli schnell wieder über, den sie während der Stunde auf den Zaun des Vierecks gelegt hatte. Eine Erkältung
wollte sie auf keinen Fall riskieren.

227

Nach ein paar Runden am langen Zügel lenkte sie Boy in die Mitte des Vierecks und schwang sich aus dem Sattel.

Jan kam zu ihr. »Alle Achtung, du reitest Boy prima. Tim hat recht gehabt«, meinte er anerkennend.

»Danke«, stotterte Maja verlegen. »Ich mag Boy aber auch gern, und wenn er erst mal in Schwung kommt, dann geht es richtig gut mit ihm. Nur dauert es eben, bis er mitmacht.« Maja merkte, wie ihr ohnehin schon erhitzter Kopf noch heißer wurde. Aber nicht wegen Jan, sondern weil Tim von ihren Fortschritten erzählt hatte. Im Sommer war es für sie so wichtig gewesen, dass Britta sie gut fand, aber jetzt bedeutete ihr Tims Bestätigung viel mehr.

Jan nickte und klopfte Boys Hals. »Bevor er sich entscheidet, mitzuarbeiten, geben die meisten schon auf. Das weiß er. Bei dir kommt er damit aber nicht durch, und das ist bemerkenswert.«

Schade, dass Dörte das nicht hört, dachte Maja und lockerte den Sattelgurt.

»Britta und ich haben überlegt, dass du es auch mal mit Bess versuchen solltest«, fuhr Jan fort. »Pia würde dich morgen nach der regulären Reitstunde longieren. Hast du Lust?«

Maja drehte sich überrascht um. »Bess reiten?«, fragte sie ungläubig. »Ich? Aber sie ist doch so jung, und als ich Pia heute zugesehen habe, hat sie beim Angaloppieren zweimal heftig gebuckelt und wollte später sogar mal steigen! Ich werde bestimmt nicht mit ihr fertig.«

»Das glauben wir nicht. Du könntest durchaus mit ihr klarkommen. Und Bess wollte Pia auch nicht absichtlich

abwerfen. Sie ist übermütig und bewegungsfreudig, weil sie so lange nicht richtig geritten wurde. Daher sollte sie vor dem Reiten ablongiert werden und dann ein paar Mal mit Reiter an der Longe gearbeitet werden. Du hast eine feine Hand, und das ist genau das, was sie braucht. Und wenn sie buckelt, dann fasst du die Zügel kürzer und stellst sie leicht nach innen. Die leichte Biegung und der hohe Kopf erschweren ihr solche Kapriolen. Pia und du werdet sie bestimmt noch so weit bringen, dass sie in einer normalen Stunde mitgehen kann.«

Maja sah Jan zweifelnd an.

»Es ist natürlich deine Entscheidung, ob du sie schon reiten möchtest. Es wäre aber in jedem Fall eine gute Schule – für euch beide. Überleg es dir und sag uns heute Abend Bescheid.« Jan gab Boy einen Klaps auf die Kruppe, drehte sich um und ging Richtung Stallung davon.

Verdattert sah Maja ihm nach. Keine Frage, sie fand das neue Pony wunderschön, und es war toll, sich um Bess kümmern zu dürfen – auch wenn sie längst nicht so umgänglich war wie Niko. Sie hatte sich zwar schon an die anderen Pferde gewöhnt, aber beim Putzen war sie schwierig. Einmal hatte sie Maja beim Hufauskratzen in den Hintern gezwickt und hüpfte, sobald der Striegel ihre Haut berührte, mit allen vieren in die Luft, schnappte danach oder trat sogar aus. Pia vermutete, dass sie kitzelig war und meinte, man solle sie am besten mit etwas mehr Druck und in großen Strichen bürsten. Seitdem Maja das machte, ging es tatsächlich besser.

Aber Bess reiten? Nachdenklich führte Maja Boy aus dem Viereck.

»Wenn Dörte sieht, dass ich Bess reite, flippt sie bestimmt total aus. Oder wie siehst du das?« Maja streichelte Boy über den Schopf. Dann gab sie sich einen Ruck. »Aber was geht mich Dörte an? Wenn Jan, Britta und Pia meinen, dass ich auch mit Bess klarkomme, dann wird das schon stimmen. Und Papa sagt doch immer, dass man nur an sich glauben muss. Dann mache ich das doch einfach.«

Zufrieden stapfte Maja mit Boy Richtung Stall und konnte es kaum erwarten, Pauline von den Neuigkeiten zu erzählen.

Kapitel 15

Zum Abendessen hatte Jan Pizza mit Salami, Schinken und Gemüse gemacht, und alle nahmen sich mit großem Appetit von den dampfenden Blechen.

Dörte hatte ihren Platz mit Isabel getauscht und sich an das andere Ende des Tisches gesetzt, wo sie Maja nicht sehen konnte. Maja tat, als hätte sie es nicht bemerkt. Aber dass Dörte ihr so auffällig aus dem Weg ging, wurmte Maja doch mehr, als sie zugeben wollte.

»Eigentlich sollte es mir egal sein. Aber es nervt mich total, von ihr wie Luft behandelt zu werden«, sagte sie später zu Pauline und Pia, als sie auf ihrem Zimmer waren und sich gegenseitig noch Theorie abfragten.

»Sie ist total eifersüchtig auf dich«, vermutete Pia.

»Eifersüchtig? Wieso denn das?«

»Na, hör mal …« Pauline legte ihr Lehrbuch auf den Nachttisch und räkelte sich in ihrem Bett. »Du kriegst Niko, und obwohl er nun nicht gerade schwierig zu reiten ist, springt er mit dir trotzdem viel besser als mit Dörte. Isabel wird ihr auch garantiert erzählt haben, wie gut du Boy reitest. Und dann teilst du dir mit Pia jetzt auch noch Bess. Das muss ihr doch stinken.«

Pia nickte. »Und wenn sie mitkriegt, dass du Bess morgen sogar reitest, wo Dörte sie doch am liebsten für die Prüfungen gehabt hätte, dann rastet sie bestimmt ganz aus. Hoffentlich verpassen wir das nicht, das wäre echt schade.«

Pauline kicherte.

»Ich finde das ganz und gar nicht witzig«, knurrte Maja. »Wenn ihr so auf Drama steht, dann guckt euch eins im Fernsehen an. Ich kann sehr gut darauf verzichten. Gute Nacht.«

Verärgert klappte Maja ihr Buch zu, knipste die Nachttischlampe aus und kuschelte sich unter ihre Bettdecke. Alles in allem hatte Pia wahrscheinlich recht: Dörte war eifersüchtig. Und wenn sie ganz ehrlich war, dann wäre sie es an ihrer Stelle auch.

»Warum machst du nicht mit uns den Basispass Pferdekunde, Papa?« Maja stand in der Stallgasse, kraulte Troll im Nacken und sah ihrem Vater zu, der gerade zwei Finger unter den Kinnriemen von Lords Trense schob, um den richtigen Sitz der Trense zu überprüfen. Herr Färber hatte Lord zum ersten Mal ganz allein gesattelt und ihn inzwischen auch schon ohne Longe ganz passabel geritten. Dass er so schnell Fortschritte machte, hätte Maja ihm gar nicht zugetraut.

»Warum sollte ich mir diese ganze Lernerei antun? Ich möchte doch nur ab und zu die Welt vom Pferderücken aus genießen. So, fertig, mein Guter.« Herr Färber klopfte Lord an der Schulter.

»Das können Sie Samstag schon tun.«

Erschrocken fuhr Majas Vater herum. Britta stand hinter ihm und lächelte spitzbübisch. »Gut sieht er aus. Die Trense sitzt perfekt, der Sattel liegt allerdings ein bisschen weit vorn.« Britta öffnete den Sattelgurt und zog den Sattel in die richtige Lage. »Jetzt passt es besser. Aber Sie haben meine Frage noch nicht beantwortet. Möchten Sie Samstag mit auf den Ausritt?«

»Ja, Papa, sag ja! Das wird dir bestimmt Spaß machen, mit uns auszureiten. Sag doch ja, bitte, bitte, bitte!«, rief Maja und hüpfte von einem Bein aufs andere.

Troll, der sich die ganze Zeit von Maja hatte kraulen lassen, bellte empört auf.

»Ist ja gut«, sagte Maja und zupfte den Hund sanft am Ohr. »Ich kraul dich schon noch weiter.«

»Meine Damen, Sie vergessen, dass Sie es hier mit einem älteren Herrn zu tun haben, der es gerade so schafft, auf dem Pferd sitzen zu bleiben.« Verlegen sah Herr Färber von einer zur anderen. »Ein Galopp am Wasser? Ohne mein schützendes Gehege? Und das schon übermorgen? Wo mir doch schon das Reiten ohne lange Leine unheimlich ist … Ich glaube, ihr überschätzt da doch etwas meine Fähigkeiten.« Er warf Lord einen skeptischen Blick zu. »Der Gute hier wartet doch nur auf die Gelegenheit, mich endlich mal im Sand abzusetzen und mir die vielen Male heimzuzahlen, die ich ihm in den Rücken gefallen bin, im Maul gezerrt habe oder zur falschen Zeit das Falsche gemacht habe.«

Lord stupste Herrn Färber mit der Nase an.

»Jetzt tut er natürlich noch ganz harmlos, aber insgeheim sinnt er doch nach Rache!«

233

»Ihre Fantasie in allen Ehren, aber diese Unterstellungen hat Lord nicht verdient. Er ist zwar schnell, wenn er will, aber er ist ein ausgesprochen ehrlicher und gutmütiger Charakter. Und Sie wären nicht der Erste, dem er einen unvergesslichen Ausritt ans Meer beschert.« Britta lächelte Herrn Färber an. »Maja hat recht: Es würde Ihnen etwas entgehen. Aber zwingen werde ich Sie natürlich nicht. Nur möchte ich dann auch nicht hören, dass ich Ihnen ein wunderbares Reiterlebnis vorenthalten hätte.«

»Aber Britta, das würde ich doch niemals tun«, sagte Herr Färber vorwurfsvoll. »Aber mit diesen jungen Amazonen ausreiten, die bestimmt keine Lust haben, wegen eines vorsichtigen Opas auf einen wilden Strandgalopp zu verzichten? Also, ich weiß nicht …«

Maja verdrehte die Augen. »So sind wir doch gar nicht! Papa, bitte«, bettelte sie. »Du kannst das! Du sagst doch auch immer: Man muss nur an sich glauben. Dann mach das doch auch mal!«

»Herrje – mit seinen eigenen Waffen geschlagen zu werden tut besonders weh.«

»Und wie wäre es, wenn Sie allein eine Stunde mit Tim ausreiten? Dann können Sie einen ruhigen Ausritt ganz nach Ihrem Geschmack machen – mit oder ohne Galopp.«

Majas Herz machte einen Hüpfer. Was für eine tolle Idee von Britta! Schade war nur, dass sie dann nicht mit ihrem Vater reiten würde und auch Tim nicht in ihrer Gruppe wäre.

»Jetzt sag schon Ja«, drängelte Maja und sah ihren Vater so flehentlich an, dass er und Britta lachen mussten.

Majas Vater holte tief Luft. »Meine Güte, seid ihr hartnä-
ckig«, seufzte er. »Also schön, von mir aus … ich mache
es. Aber nur mit Tim allein! Damit mir keine dieser pfer-
defanatischen Damen hinterher vorwirft, ich hätte sie um
ihren Strandgalopp gebracht. Den werde ich aus sicher-
heitstechnischen Gründen nämlich auslassen.«

»Toll, super, Papa«, rief Maja und fiel ihrem Vater um
den Hals.

»Sehr schön«, meinte auch Britta zufrieden. »Ich sage
Tim gleich Bescheid.« Sie sah Maja an. »Und? Hättest
du nicht Lust, beim ersten Ausritt deines Vaters dabei zu
sein?«

»Na klar, superviel Lust sogar!« Maja strahlte von einem
Ohr zum anderen und knuffte ihren Vater in die Seite.
»Mann, wird das toll!«

»Ich glaube es erst, wenn ich es hinter mir habe.«

Lord rieb seine Stirn an Herrn Färbers Schulter, und
Majas Vater suchte nach einem Leckerli in seiner Tasche.
»Hier, du alter Gauner. Du steckst doch mit den Ladys
unter einer Decke, oder? Dass ich mich aber auch immer
rumkriegen lasse«, seufzte er, griff in die Zügel und führte
Lord hinter Maja und Britta aus dem Stall.

Kapitel 16

Der Freitagnachmittag war warm, und Maja beschloss, zwischen Mittagspause und Springstunde die grünen und gelben Grasflecken aus Nikos Schweif und Mähne zu waschen. Die anderen waren nach dem Mittagessen zum Schwimmen in das Wellenbad gegangen, und Troll lag, alle viere von sich gestreckt, auf dem Betonboden am Putzplatz und ließ sich die Sonne aufs Fell brennen.

Niko schien gegen die zusätzliche Fellpflege in der Sonne nichts einzuwenden zu haben. Geduldig ließ er sich am Waschplatz einseifen und kaute zufrieden die Möhrenstückchen, die Maja ihm zwischendurch zusteckte.

Während sie sorgfältig die Mähne ausspülte, musste Maja immer wieder an den Vormittag denken. Sie hatte Bess tatsächlich geritten, und es war ganz gut gegangen. Aber es war eine echte Herausforderung gewesen. Pia hatte sie zunächst longiert, und Bess war auch willig im Schritt mitgegangen. Aber als Maja sie sanft antraben wollte, blieb sie plötzlich wie angewurzelt stehen, um danach mit hochgeworfenem Kopf rückwärtszugehen. Maja war es ganz mulmig geworden, und sie hatte genau das gemacht, was Pia ihr zugerufen hatte: vornüberbeugen, Zügel nachgeben

und sanft treiben. Es hatte funktioniert. Bess ging wieder vorwärts und trabte schließlich freiwillig an. Bei ihrem wunderbaren, federnden Trab entspannte Maja sich mehr und mehr und fühlte sich sogar richtig sicher auf ihr. Plötzlich aber scheute Bess und raste im Galopp und mit wilden Bocksprüngen ein paar Runden um Pia herum, die Mühe hatte, Bess überhaupt noch an der Longe zu halten. Krampfhaft hielt Maja sich an der Sattelkammer fest. Wenn Pia es nicht geschafft hätte, Bess mit ihrer Stimme zu beruhigen und schließlich auch wieder zum Stehen zu bringen, wäre sie bestimmt noch hinuntergefallen. Maja hatte hinterher das Herz bis zum Hals geschlagen, aber Britta, die mit Isabel, Dörte und Pauline zugesehen hatte, lobte sie beide und meinte, dass sie die Situation sehr gut gemeistert hätten. Dörtes eifersüchtiger Blick war Maja nicht entgangen. Sie musste zugeben, dass sie Dörte gegenüber einen kleinen Triumph darüber verspürte, dass sie Bess reiten durfte, und auch stolz darauf war, wie gut sie die brenzligen Situationen gemeistert hatte.

»Ich wäre auch neidisch, wenn Dörte Bess reiten dürfte und ich nicht.« Maja spülte den Rest Shampoo aus, drehte die Flasche zu und stellte sie in die Box zurück.

»Bleib schön brav, Süßer. Ich hole noch schnell ein paar Handtücher«, sagte sie und lief Richtung Stall davon. Als sie zurückkam, bemerkte sie plötzlich das Mädchen wieder, dessen Namen sie nicht kannte. Sie stand an der Reithalle und sah sehnsüchtig zu Niko hinüber.

Maja beschloss, sie diesmal einfach anzusprechen.

»Hast du Lust, mir zu helfen?«

Das Mädchen sah sich um.

»Nee, dich meine ich, genau dich!«, rief Maja.

Zögernd kam das Mädchen herüber. Troll hob den Kopf, stand auf und lief ihr schwanzwedelnd entgegen. Maja schätzte, dass sie etwas jünger war als sie selbst.

»Niko kennst du schon, oder? Zumindest habe ich dich schon ein paarmal bei ihm gesehen.«

»Er ist hier mein Lieblingspony«, sagte das Mädchen und berührte fast ehrfürchtig sein weißes Fell.

»Das kann ich gut verstehen. Reitest du auch?«

»Nein, meine Eltern erlauben es nicht. Sie finden es zu gefährlich.«

Maja nickte verständnisvoll. Es musste schrecklich sein, wenn man gern reiten wollte und es nicht durfte.

»Dann macht ihr auf der Insel Ferien?«

»Mmmh. Ich bin mit meinen Eltern und meinem Bruder hier. Wir wohnen im Ort, und mein Bruder zeltet mit einem Freund.«

»Aha. Und wie heißt du?«

»Meike.«

»Ich bin Maja.«

»Weiß ich.«

Maja sah sie verblüfft an. »Woher?«

»Weil ich dich schon oft gesehen habe, wenn du Niko reitest. Ich finde, dass es bei euch besonders schön aussieht. Auch wenn ihr springt.«

»Dabei reite ich noch gar nicht so lange. Es sieht bestimmt nur gut aus, weil Niko ganz leicht zu reiten ist. Er ist einfach ein wunderbares Pony.«

Maja bückte sich und reichte Meike die Kardätsche aus dem Koffer. »Du könntest Nikos Beine bürsten. Aber bitte

ganz vorsichtig. Hier über den Sprunggelenken und den Vorderfußwurzelknochen ist nur Haut und kaum Fleisch. Deshalb darf man da nur mit ganz weichen Bürsten dran, sonst tut es den Pferden weh«, erklärte Maja und zeigte auf die entsprechenden Stellen.

»Aber das sind doch die Knie!«, rief Meike verwundert.

Maja schüttelte lachend den Kopf. »Das habe ich auch lange gedacht. Aber die Knie sind beim Pferd hier oben.« Sie hielt ihre Hand an die Wölbung beim Übergang zwischen Flanke und Hinterbein.

»Das hier ist der Unterschenkel, dann kommt das Sprunggelenk, die Röhre, Hintermittelfuß, das Fesselgelenk, die Krone und schließlich der Huf.«

»Woher weißt du denn das alles?«, fragte Meike und sah Maja bewundernd an.

»Ich mache in ein paar Tagen den Reiterpass, da muss man sich auch mit dem Körperbau von Pferden auskennen. Und über Pferde zu lesen macht mir sowieso Spaß.«

»Mir auch. Ich lese fast nur Bücher über Pferde und Reiten. Vielleicht darf ich ja doch irgendwann Reitstunden nehmen.« Sie kniete sich neben Niko und begann seine Beine sanft abzubürsten.

Maja sah ihr einen Moment nachdenklich zu, bevor sie Nikos Schweif mit den Handtüchern abtrocknete und verlas. Sie mochte Meike und hätte ihr gern zu einer Reitstunde auf Niko verholfen. Aber sie hatte nicht mehr so viel Geld, und außerdem sparte sie ja noch auf einen Sattel.

Als Meike mit allen Beinen fertig war, sah sie auf ihre Uhr. »Schade, aber ich muss jetzt leider gehen. Wir wollten heute noch eine Radtour machen.« Sie strich die Bürste

am Striegel ab, klopfte ihn auf dem Boden aus und legte beides in die Putzbox zurück. »Zu euren Prüfungen am Montag komme ich aber auf jeden Fall vorbei. Und danke, dass ich dir helfen durfte. Das hat echt Spaß gemacht.«

»Wenn du am Montag früher kommst, dann kannst du mir wieder bei Niko helfen.«

Meike nickte und streichelte Niko noch einmal über die feuchte Mähne. Dann ging sie über den Hof zum Feldweg. Troll lief noch ein Stück neben ihr her, dann kehrte er zu Maja und Niko zurück und ließ sich mit einem lauten Seufzer wieder auf den Boden fallen.

Maja band Niko los und führte ihn noch ein paar Runden im Hof herum, damit er ganz trocknete. Seine Mähne und sein seidiger Schweif glänzten schneeweiß in der Sonne, und Maja war einmal mehr davon überzeugt, dass er nicht nur das liebste, sondern auch das schönste Pony auf der ganzen Welt war.

»Weißt du was? Ich frage Britta einfach, ob ich Meike auf dir mal ein bisschen spazieren führen kann. Sie wäre bestimmt happy. Mann, habe ich ein Glück, dass ich dich reiten darf!«, sagte sie und umarmte Niko lange.

Kapitel 17

Samstag regnete es den ganzen Vormittag. Maja hoffte, dass sich das Wetter noch ändern würde, damit der Ausritt, auf den sie sich so freute, nicht ins Wasser fiel. Für sie war er etwas ganz Besonderes: der letzte für diese Woche mit Niko im Gelände und der erste gemeinsame Ausritt mit ihrem Vater und Tim.

Nach dem Mittagessen riss der Himmel tatsächlich auf, die Sonne kam heraus, und ein frischer Wind wehte.

»Da haben wir ja noch mal Glück gehabt. Das ist ideales Wetter für einen Strandritt«, sagte Britta, und erleichtert holten alle ihre Pferde zum Striegeln und Satteln auf den Putzplatz.

»Haben Sie die Bügel schon verkürzt, Herr Färber?«, fragte Pauline, als sie schließlich mit ihren Pferden im Hof standen und auf Brittas Signal zum Aufbruch warteten.

»Bügel verkürzt? Wieso? Britta sagt doch immer, dass ich meine Beine so lang wie möglich machen soll.«

Tim, der neben ihm stand, nickte. »Stimmt, aber nur für die Dressur. Waren Sie schon mal im Gelände?«

Herr Färber schüttelte den Kopf. »Früher hatte ich nur Reitstunden in der Bahn.«

»Okay. Also im Gelände reitet man überwiegend im leichten Sitz. Und das geht nur mit kürzeren Bügeln. Hältst du mal?« Er gab Maja die Zügel von Donna und verkürzte an Lords Sattel die Bügelriemen um zwei Löcher.

»Das müsste reichen«, sagte er und übernahm die Stute wieder.

Britta ging herum und kontrollierte Sattel und Trense. Dann ließ sie alle aufsitzen und schwang sich selbst in den Sattel von Duncan, einem Privatpferd, das sie für den Ausritt geliehen hatte.

»Wir reiten heute in zwei Gruppen. Tim, Herr Färber und Maja in einer, alle anderen mit mir. Los geht's!«

Vom Dressurviereck winkte Pia der Truppe nach. Sie war trotz Regen schon am frühen Morgen mit Fratz ausgeritten, damit sie nachmittags noch mit Bess arbeiten konnte. Das Pony ging mit gespitzten Ohren schwungvoll am Zügel und kaute fleißig auf dem Gebiss.

Maja beobachtete die beiden einen Augenblick fasziniert. Sie hatte Bess vor dem Mittagessen ebenfalls schon frei in der Halle geritten und auf Pias Vorschlag sogar ihre Dressuraufgabe für die Prüfung mit ihr ausprobiert. Bis auf zwei kleine Buckler beim Angaloppieren und einem Haken an der langen Seite im Galopp war sie sehr gut gegangen. Aber so toll wie bei Pia hatte es bestimmt nicht ausgesehen. Ob Bess das nächste Mal, wenn Maja wieder auf den Dünenhof käme, noch da war? Oder würden Britta und Jan sie verkaufen, weil sie für die Reitschule viel zu schade war? Der Gedanke versetzte Maja einen kleinen Stich.

»Sieht Bess nicht wie ein richtiges Dressurpony aus, Papa?«

»Wahrscheinlich … ich kann gerade nicht hinsehen. Ich muss mich hier voll auf das Schlachtschiff Lord konzentrieren, das gerade mit mir in See sticht.«

Maja lachte. Sie fand, dass ihr Vater maßlos übertrieb. Er wirkte gar nicht mehr wie ein Reitanfänger, so locker, wie er im Sattel saß.

Gemeinsam ritten sie bis zum Anfang der Dünenkette, dort trennten sich die Gruppen. Britta blieb mit ihrer Abteilung auf dem Reitweg durch die Dünen, während Tim mit Maja und ihrem Vater den direkten Weg zum Strand einschlug.

»Bis zum Strand reiten wir hintereinander. Zuerst ich, dann Sie, Herr Färber, und Maja zum Schluss. Am Wasser können wir dann wieder nebeneinanderreiten«, sagte Tim und klopfte Donna den Hals, die unruhig auf der Stelle tänzelte und nervös schnaubte. »Und wenn Sie möchten, können wir auch einen kleinen Galopp versuchen.«

»Um Himmels willen!«, rief Herr Färber entsetzt. »Kommt mir bitte nicht schon wieder damit! Mir reicht der gemütliche Schritt-Trab-Ausritt vollkommen.«

Maja grinste. »Du bist vielleicht feige, Papa. Auf einen Galopp am Strand zu verzichten … Hast du Schiss?«

Ihr Vater nickte. »Ich hoffe nur, dass Lord es nicht merkt.«

»Keine Sorge, Lord merkt es garantiert. Aber er ist eine durch und durch ehrliche Haut, und Donna hat er auch noch nie eingeholt«, witzelte Tim.

»Wie beruhigend«, sagte Herr Färber und schluckte.

»Das war doch ein Scherz! Wenn Sie bisher gut mit Lord klargekommen sind, dann wird es im Gelände genauso sein.« Tim drehte sich wieder im Sattel um und trieb Donna vorwärts.

Auch Maja klopfte Niko leicht in die Seiten. Er musste ein paar Takte traben, um mit den Großpferden Schritt zu halten, und Maja genoss seinen weichen, federnden Gang. Aber trotz aller Entspannung blieb sie wachsam. Sie wusste, dass aus den Sträuchern und Gräsern der Dünen jederzeit Rebhühner, Möwen oder Fasanen auffliegen und die Pferde scheuen konnten.

Als hätte Tim ihre Gedanken gelesen, drehte er sich noch mal um. »Immer Knie ran ans Pferd und hellwach bleiben«, rief er, und Herr Färber richtete sich sofort ein wenig mehr auf.

Maja holte ein paarmal tief Luft, um den würzigen Geruch von Pferd, Leder und salziger Meerluft einzusaugen. Er war ein bisschen anders als im Sommer, aber genauso intensiv und gut.

»Mein süßer Niko«, flüsterte sie und beugte sich über seinen Mähnenkamm. »Weißt du noch, wie viel Angst ich bei unserem ersten gemeinsamen Ritt an den Strand hatte? Das kommt mir vor, als wäre es schon ganz lange her, dabei war es erst im Sommer. Jetzt fühle ich mich, als hätte ich schon immer in deinem Sattel gesessen.«

Niko schüttelte die Mähne, schnaubte zufrieden und stapfte weiter fleißig hinter den Großpferden durch den weichen, weißen Sand.

Nach etwa zwanzig Minuten waren sie an einem breiten Strandabschnitt angekommen, ritten im Schritt

nebeneinander zum Meer und dann eine Zeit an der Wasserkante entlang. Ein paar Spaziergänger waren unterwegs, und einige Menschen schwammen sogar. Maja fröstelte es schon beim bloßen Anblick. Ihr war die Nordsee schon im Sommer zu kalt gewesen, aber jetzt, im Oktober, hätte sie sich nie in die Wellen gewagt.

»Halt«, rief Tim und zügelte Donna. Sofort tänzelte sie wieder wie ein zusammengeschnürtes Kraftpaket auf der Stelle.

»Wie ist es? Nicht doch ein kleiner, kurzer Galopp?« Tim sah Majas Vater spitzbübisch an.

»Ich will euch wirklich nicht den Spaß verderben, aber ich bin mit dem bisherigen Verlauf unseres Abenteuers sehr zufrieden und bräuchte keine weitere Aufregung.«

»Es würde ein sehr ruhiger Galopp, Ehrenwort. Ich gebe das Tempo vor. Lord ist heute viel zu faul, um zu überholen, und Maja hat Niko auch immer gut im Griff. Also?«

Herr Färber sog hörbar die Luft ein, sah von Tim zu Maja und dann wieder zu Tim.

»Also schön«, sagte Majas Vater matt. »Sonst zieht mich meine Tochter mein Leben lang damit auf, dass ich mich nicht getraut habe.«

»Worauf du dich verlassen kannst!«, grinste Maja.

»Super! Sehen Sie den roten Badekarren dort hinten? Bis dahin galoppieren wir. Kurz davor hebe ich den Arm, und wir parieren zum Trab durch. Das war dann schon alles. Es wird Ihnen bestimmt Spaß machen!«

»Frag mich nach dem Galopp noch mal.« Herr Färber wurde etwas blass um die Nase.

Tim lachte und gab leicht mit den Zügeln nach. Sofort fiel Donna in Trab und wechselte dann zu einem ruhigen Galopp. Lord und Niko liefen ihr sofort vergnügt schnaubend nach. Nikos Mähne wehte im Wind, und der aufgeworfene Sand von Lords Hufen flog Maja um die Ohren. Den Abstand von zwei Pferdelängen zu Lord hielt sie mühelos, und Tim wurde tatsächlich nicht schneller. Maja wunderte sich einmal mehr darüber, wie er das Pulverfass Donna, das am liebsten losgeschossen wäre, so kontrolliert reiten konnte. Niko dagegen machte ihr überhaupt keine Mühe. Er galoppierte in einem schönen ruhigen Tempo hinter den anderen her, und Maja genoss jeden einzelnen Galoppsprung.

»Haaaaalt«, rief Tim plötzlich, als der rote Badekarren vor ihnen auftauchte, und Maja bedauerte, dass die Galoppstrecke schon wieder zu Ende war. Sie parierte Niko durch und trieb ihn neben Lord, der ebenfalls sofort in Schritt gefallen war.

»Na, Paps, was sagst du?«

»Groß…artig. Wund…der…bar war das«, keuchte Herr Färber und holte ein paarmal tief Luft, bevor er weitersprechen konnte. »Ich hatte ja gehofft, dass es nicht so schlimm sein würde. Aber dass es großartig wird …, das … das habe ich nicht erwartet.« Er klopfte Lords Hals so heftig, als hätte das Pferd ihm sein Leben gerettet.

»Na also«, brummte Tim zufrieden. »Hab ich doch gewusst.«

»Und ich auch!«, ergänzte Maja und sah ihren Vater strahlend an.

Sie ritten noch ein Stück im Schritt am Wasser entlang und bogen dann wieder Richtung Dünen ab.

Herr Färber war bestens gelaunt. Er scherzte die ganze Zeit und fing sogar an zu singen.

»Papa, wir sind doch nicht zu Hause!«, ermahnte Maja ihn streng. »Was sollen denn Tim und die Pferde denken?«

»Lass mich doch! Pferde mögen Gesang, und ich bin überzeugt, Lord schätzt ihn sehr. Sonst würde er mir das schon sagen. Oder, mein Alter?«

»Quatsch. Lord ist viel zu gut erzogen, um dir zu sagen, was er davon hält«, antwortete Maja trocken. Aber in Wirklichkeit freute sie sich, dass ihr Vater so viel Spaß an diesem Ausritt hatte.

Plötzlich bemerkte sie mitten in den Sträuchern ein gelbes Zelt und jemanden, der aufsprang und ihr entgegenlief.

»Meike«, rief Maja überrascht. »Was machst du denn hier?«

»Ich besuche meinen Bruder und dessen Freund. Die zelten doch hier«, sagte das Mädchen und deutete auf die zwei Jungen, die vor dem Zelt saßen und skeptisch zu den Reitern herübersahen. »Das sind Stephan und Ben. Ben, der Blonde, ist mein Bruder.«

Ben nickte kurz, und auch Stephan grüßte mit einem kurzen »Hallo«.

»Sie mögen Pferde nicht besonders«, sagte Meike leise zu Maja. »Und Ben findet meinen Pferdefimmel total blöd. War euer Ausritt schön?« Vorsichtig streichelte sie über Nikos dampfendes Fell.

»Sehr schön! Es war auch der erste Ausritt meines Vaters, und er hat es toll gemacht. Ich bin stolz auf ihn.«

»Ich bin auch sehr stolz auf mich. Aber noch sind wir nicht am Dünenhof«, seufzte Herr Färber und zwinkerte Tim zu.

»Eigentlich wollte ich ja morgen wiederkommen«, sagte Meike zu Maja, und ihre Stimme klang bedauernd. »Aber wir machen einen Ausflug auf eine andere Insel. Am Montag komme ich aber auf jeden Fall!«

Sie verabschiedeten sich und ritten weiter. Maja drehte sich noch einmal zu Meike um, die auf dem Weg stand und ihnen nachwinkte. Der sehnsuchtsvolle Blick, mit dem Meike Niko angesehen hatte, hing ihr nach, und plötzlich war sie ihren Eltern sehr dankbar, dass sie ihr von Anfang an das Reiten erlaubt hatten. Das war offensichtlich nicht so selbstverständlich.

Den Rest des Weges ritten sie schweigend, und als sie im Hof eintrafen, kam Britta ihnen entgegen.

»Na?«, fragte sie. »Wie war es?«

Bevor Herr Färber antworten konnte, kam Tim ihm zuvor.

»Super! Die Färbers scheinen ein Händchen für Pferde zu haben. Lord war wie immer lammfromm, und alles hat wie am Schnürchen geklappt.« Er sprang von Donna und zog die Steigbügel hoch, während Herr Färber sich unter einigem Stöhnen langsam von Lords Rücken gleiten ließ.

»Tut das gut, wieder festen Boden unter den Füßen zu haben! Und um auf Ihre Frage zurückzukommen, Britta … es war in der Tat einmalig! Was natürlich an dem korrekten und wohlwollenden Verhalten von Lord und

der hervorragenden Begleitung lag. Wirklich, einmalig!«, schwärmte er und streckte seinen Rücken.

»Dann haben wir Ihnen also nicht zu viel versprochen«, sagte Britta schmunzelnd, während sie Lords Sattelgurt löste und den Sattel abnahm.

»Nein, das haben Sie nicht. Und ich bin froh, dass ich mich mutig der Herausforderung gestellt habe und nun hoffentlich auch wie ein Held im heimatlichen Hafen Dünenhof geehrt werde.« Mit feierlichem Blick sah Herr Färber in die Runde.

Maja gluckste erst leise und prustete dann laut los. Alle anderen lachten mit und am lautesten Majas Vater selbst.

Kapitel 18

Am Sonntagnachmittag saßen Maja, Pia, Pauline und Tim im Ponystübchen und fragten sich gegenseitig Theorie ab. Maja hatte morgens drei Schokoladenkuchen gebacken und einen davon mitgebracht.

»Schmeckt wieder voll krass«, meinte Pauline und sah Maja fragend an, bevor sie sich ihr drittes Stück nahm. »Oder ist der Rest wieder für unseren fleißigen Jungen?«

Maja streckte ihr die Zunge raus und warf Tim einen hastigen Blick zu. Den Kopf in die Hände gestützt, grübelte er mit geschlossenen Augen über die letzte Frage nach, die Pia ihm gestellt hatte. Maja war erleichtert – Paulines Bemerkung schien er gar nicht mitgekriegt zu haben.

»Also … die richtige Abfolge des Blutkreislaufs eines Pferdes ist: linke Herzkammer, Aorta, Hohlvenen, rechter Vorhof, rechte Herzkammer, Lungenarterie, Lungenvenen, linker Vorhof.« Tim öffnete die Augen und sah Pia gespannt an.

»Stimmt genau.« Zufrieden klappte Pia das Buch zu.

Maja sah Tim ungläubig an. »Das musst du alles für das Bronzene Reitabzeichen wissen? Das könnte ich mir nie merken!«

250

»Ich vergesse es bestimmt auch bald wieder. Aber was hilft's? Es kann gut sein, dass sie danach fragen«, seufzte Tim und nahm sich ebenfalls noch ein Stück Kuchen. »Der schmeckt übrigens noch besser als der letzte«, sagte er mit vollem Mund.

»Den habe ich ja auch heute erst gebacken. Mit extraviel Schokolade.« Pauline und Pia waren kurz davor, loszuprusten, und Maja warf ihnen einen bösen Blick zu.

Pia sicherte sich schnell das letzte Stück Kuchen, biss genüsslich hinein und lehnte sich in ihrem Sessel zurück. »Also, die Theorie werdet ihr bestimmt bestehen. So wie ihr gelernt habt …«

»Hoffentlich. Mir reicht es jetzt nämlich auch.« Pauline gähnte herzhaft und stand auf. »Hat jemand Lust, mit in die Halle zu kommen? Ich will mal wieder bei den Privatreitern zusehen.«

»Klar, ich!«, rief Maja und erhob sich ebenfalls.

»Ich werde Fratz jetzt noch longieren«, sagte Pia. »Er hat heute noch nicht genug Bewegung gehabt.«

»Und du, Tim?«, fragte Maja.

»Ich treffe mich gleich mit Jan und Britta. Wir wollen den morgigen Ablauf durchsprechen.«

»Dann bis nachher.« Maja packte ihre Sachen zusammen und ging mit Pauline hinaus.

Als sie die Halle betraten, blieb Maja plötzlich wie angewurzelt stehen. »Kneif mich mal«, sagte sie tonlos und starrte entgeistert in die Bahn, wo drei Pferde geritten wurden.

Pauline folgte ihrem Blick und begriff sofort, was Maja so aus der Fassung brachte: Unter den Pferden war auch eine Ponyreiterin … Dörte! Sie hatte gerade mit Niko über einen Sprung gesetzt, als sie Maja und Pauline an der Bande bemerkte.

»Was glotzt ihr denn so?«, rief sie, ritt in die Mitte und sprang von Nikos Rücken herunter.

Maja war vor Wut dunkelrot geworden. Dass Dörte sich ihr gegenüber so dämlich verhielt, war das eine. Dass sie aber Niko an seinem wohlverdienten freien Tag ritt, das war der Gipfel!

»Heute ist Ruhetag. RUHETAG, verstehst du?«, schrie sie aufgebracht, und die beiden anderen Reiter sahen irritiert zu den Mädchen herüber.

Dörte tat, als hätte sie es nicht gehört. Sie fragte höflich »Tür frei?« und ging nach der Antwort »Ist frei« zur Bande. Ohne Maja und Pauline eines Blickes zu würdigen, führte sie Niko an ihnen vorbei und wollte mit ihm Richtung Hallenausgang gehen.

Aber Maja packte sie am Arm und hielt sie zurück. »He, ich habe dich etwas gefragt«, sagte sie zornig.

Dörte zog ihren Arm weg und drehte sich um. »Lass mich los!«, fauchte sie. »Was heißt denn schon ›Ruhetag‹? Meine Eltern zahlen schließlich für eine ganze Woche Reiten und nicht nur für sechs Tage! Du solltest froh sein, dass ich ihn vor morgen noch mal ordentlich rannehme, wo du ihm anscheinend immer alles durchgehen lässt. Jedes Mal, wenn ich nach dir geritten bin, musste ich ihn mir erst wieder hinbiegen!«

Maja glaubte ihren Ohren nicht zu trauen.

»Sag mal, hast du jetzt Dummkoller oder was?« Pauline kniff die Augen zusammen, und wenn Maja nicht so

wütend gewesen wäre, hätte sie fast gelacht. Dummkoller war in der letzten Theoriestunde dran gewesen, und über den Namen dieser unheilbaren Erkrankung des Pferdegehirns hatten sie einige Witze gemacht. »Maja reitet zwar noch nicht so lange wie du, dafür aber viel besser!«

»Ach, und warum führt sich Niko nach einer halben Stunde bei Maja dann bei mir immer so auf?«, fragte Dörte höhnisch und zog eine Augenbraue hoch.

»Das würde ich auch tun, wenn man mich so hart und verkrampft reiten würde«, rief Maja wutentbrannt. »Wenn du meine Reiterin wärst, dann hätte ich dich schon längst mal abgesetzt. Und Niko heute, am Ruhetag, einfach zu springen – das ist wirklich oberdreist!«

»Dann renn doch zu Britta und erzähl es ihr wieder brühwarm, los!«, schrie Dörte zurück. »Ihr könnt mich mal!« Sie warf Maja und Pauline noch einen verächtlichen Blick zu und verließ dann zornig die Halle.

Maja schlug das Herz bis zum Hals. »Ich bin ja sonst nicht so, aber Dörte wünsche ich, dass sie morgen mit Pauken und Trompeten durchfällt«, sagte sie grimmig, und Pauline nickte.

»Kann ich verstehen. Sollen wir es Britta sagen?«

»Nein«, erwiderte Maja und schüttelte entschieden den Kopf. »Ich bin keine Petze, und Niko bringt das auch nichts mehr. Aber ich bin froh, dass Dörte mitgekriegt hat, was wir davon halten. Und das mit dem Dummkoller war klasse!«

Pauline grinste und legte den Arm um Majas Schultern. »Stimmt. Allein dafür hat sich die ganze Lernerei schon gelohnt.«

Kapitel 19

Am nächsten Morgen wachte Maja schweißgebadet auf. Sie hatte geträumt, dass sie sich bei der Dressur verritten hatte und überhaupt nicht mehr wusste, wie es weiterging. Der Prüfer schrie Kommandos, aber sie verstand ihn nicht, weil es so windig war. Dann sah sie plötzlich, wie Dörte mit Niko über ein Hindernis sprang und dabei spöttisch in ihre Richtung grinste. Mit pochendem Herzen war sie aufgewacht, und jetzt war sie zutiefst erleichtert, dass es nur ein Traum war. Sie sah zu Pia und Pauline hinüber. Beide schliefen noch, und Maja beschloss, heute ausnahmsweise nicht als Erste aufzustehen und in den Stall zu gehen, sondern lieber noch einmal die Fragen zu »Pferdekrankheiten & Gewährsmängel« durchzugehen. Sie nahm ihr Buch vom Nachttisch und schlug die entsprechende Seite auf.

»Dämpfigkeit ist eine chronische, unheilbare Atemwegserkrankung der Lunge und/oder des Herzens. Kennzeichen: Dampfrinne«, las Maja leise.

Plötzlich fiel ihr die eisige Stimmung beim Abendbrot wieder ein. Jan hatte gefragt, ob irgendetwas vorgefallen sei, aber Pauline und Maja hatten wie vereinbart nichts

von Dörtes Extraritt gesagt. Dörte war danach den ganzen Abend nicht mehr zu sehen gewesen, worüber Maja ganz froh war.

Plötzlich horchte Maja auf. Wieherte da nicht Niko? Sie war fest davon überzeugt, sein helles Wiehern von dem der anderen Pferde unterscheiden zu können. Hoffentlich hatte er sich heute Nacht nicht wieder in einen Pferdeapfel gelegt ... Gestern hatte Maja ihm noch die hartnäckigen Reste der grünen und gelben Flecken aus seinem Fell gewaschen – mit Babyshampoo! Britta hatte ihr den Tipp gegeben, und Maja war begeistert, wie gut sich die Verfärbungen damit entfernen ließen. Strahlend weiß, mit frisch gewaschener, glänzender Mähne und seidigem Schweif führte sie ihn stolz Pauline und Pia vor, und die beiden fanden auch, dass er großartig aussah. »Dass er schon einundzwanzig ist, sieht man ihm echt nicht an«, meinte Pia, und Maja dachte wieder mit Schrecken daran, dass Britta ihn wegen seines Alters bald aus dem Reitschulbetrieb nehmen wollte.

Hoffentlich bleibt auch Bess auf dem Dünenhof, dachte Maja und staunte darüber, wie sehr ihr das neue Pony schon ans Herz gewachsen war.

Mit einem leisen Seufzer widmete sie sich wieder den Pferdekrankheiten. »Der Dummkoller ist eine allmählich oder infolge akuter Gehirnwassersucht entstandene unheilbare Krankheit des Gehirns, bei der das Bewusstsein des Pferdes herabgesetzt ist«, murmelte sie leise mit geschlossenen Augen vor sich hin und grinste, weil ihr die Situation mit Pauline und Dörte wieder einfiel.

»Niko ist weg!«, schrie Maja und lief ihrem Vater entgegen, der ein Liedchen trällernd mit dem Fahrrad auf den Dünenhof einbog.

Herr Färber stieg ab, lehnte das Rad an die Stallwand und sah Maja verwundert an.

»Was sagst du da? Niko ist verschwunden?«

Maja nickte schluchzend. »Er war heute Morgen nicht mehr im Stall, seine Box stand offen, und das Halfter ist auch nicht da. Jemand hat ihn herausgeholt und einfach mitgenommen. Wenn ihm etwas passiert ist …« Maja hatte sich tapfer bemüht, nicht zu weinen, aber jetzt kullerten dicke Tränen über ihre Wangen.

Britta kam aus dem Stall und begrüßte Herrn Färber. Sie sah blass aus.

»Niko scheint kurz vor dem Füttern direkt aus dem Stall geholt worden zu sein. Seltsam ist nur, dass Troll sich nicht gerührt hat«, fuhr sie nachdenklich fort. »So freundlich er ist – wenn jemand Unbekanntes auf den Hof kommt, schlägt er normalerweise an.«

»Ich habe Niko heute Morgen sogar noch wiehern gehört, und auch die hintere Stalltür, die zu den Weiden geht, hat geklappert«, sagte Maja stockend. »Aber ich dachte, dass jemand von uns im Stall ist. Ich bin ja morgens auch schon oft vor den anderen da gewesen. Warum habe ich bloß nicht nachgesehen?«

»Mach dir bitte keine Vorwürfe, Maja.« Tröstend legte Britta ihren Arm um sie. »Niko wird bestimmt bald gesund wieder da sein.«

»Haben Sie schon die Polizei angerufen?«, wollte Herr Färber wissen.

»Jan ruft gerade an. Er meinte zwar, dass es sich auch um einen Streich handeln könnte. Vor Jahren haben nämlich Jungs von der Insel ein Pferd nur so zum Spaß aus dem Stall geholt, um Indianer zu spielen. Hinterher haben sie es unversehrt wieder zurückgebracht.«

Im selben Moment trat Jan aus dem Gutshaus und kam zu ihnen herüber. Sein sonst so vergnügtes Gesicht hatte einen ernsten Ausdruck.

»Bisher hat niemand ein weißes Pony gemeldet. Aber von der Insel kommt derjenige jedenfalls nicht, der Niko geholt hat«, sagte er düster. »Ich fahre jetzt die ganze Insel ab.«

»Kann ich mit?«, fragte Pia, die gerade dazugekommen war. »Ich muss ja heute keine Prüfung machen, und wenn du ohne mich auskommst …«

Britta nickte. »Natürlich, gute Idee. Zu zweit sieht man einfach mehr. Nehmt aber unbedingt die Handys mit und ruft sofort an, wenn ihr ihn gefunden habt.«

»Sowieso.« Jan küsste Britta auf die Wange und ging dann eilig mit Pia zum VW-Bus.

»Die Reithose und das Jackett liegen oben im Zimmer, Maja!«, rief Pia noch, bevor sie die Wagentür zuschlug und Jan losfuhr.

Maja wischte sich die Tränen von der Wange.

»So. Und jetzt kommt Plan B.«

»Plan B?« Maja sah Britta mit verweinten Augen an. »Was ist das?«

»Der Notfallplan. Wenn Niko bis zu den Prüfungen nicht auftaucht, wirst du Bess reiten. Dörte nimmt für das Springen Svala.«

257

»Bess? Ich? Aber ich habe doch nur einmal meine Aufgabe mit ihr geritten! Und das nur zum Spaß«, rief Maja entsetzt.

»Aber das war sehr gut. Ich habe es gesehen. Also keine Widerrede. Du reitest Bess. Mach sie bitte fertig.« Ohne ein weiteres Wort drehte Britta sich um und ging in den Stall zurück.

Maja kamen wieder die Tränen. »Dann brauche ich gar nicht erst mitzumachen. Bess ist unberechenbar. Mit ihr falle ich garantiert durch.«

»Das wird schon gut ausgehen, bestimmt«, sagte Majas Papa und nahm seine Tochter in den Arm. »Britta weiß, was sie tut. Aber wahrscheinlich taucht Niko sowieso bald wieder auf, und du kannst ihn reiten. Aber jetzt zieh dich mal um. Es ist höchste Zeit.«

Maja nickte und schlich mit hängenden Schultern auf ihr Zimmer. Auf Pias Bett lagen die Reithose, ein weißer Rollkragenpulli und das schwarze Sakko. Pia hatte sogar noch ein kleines Hufeisen aus Schokolade daraufgelegt.

Lustlos schlüpfte Maja in die Turnierhose. Sie war etwas zu groß, aber mit einem Gürtel ging es. Dann zog sie den Rolli an und das Sakko darüber. Sie sah sich im Spiegel an und musste direkt wieder weinen. Sosehr hatte sie sich auf den Moment gefreut, den Turnierdress anziehen zu können und wie eine richtige Dressurreiterin mit Niko ins Viereck einzureiten. Jetzt war ihr alles egal. Sie zog den Gürtel noch ein Loch enger, spülte sich die Augen mit Wasser aus und ging dann langsam wieder hinaus. Eigentlich hätte sie sich beeilen müssen, aber die Lust auf die Reiterpass-Prüfung war ihr komplett vergangen.

Kapitel 20

Niko blieb verschwunden.

Pia hatte sich kurz gemeldet und gesagt, dass sie jeden, den sie unterwegs trafen, nach einem weißen Pony fragten. Doch niemand hatte eines gesehen.

Maja sollte die Dressur als Letzte reiten. Obwohl sie sich die Augen mit kaltem Wasser ausgewaschen hatte, sah man ihr an, dass sie geweint hatte. In fliegender Hast putzte und sattelte sie Bess und ritt sie eine Viertelstunde warm.

Pauline begleitete sie zum Viereck.

»Dörte hat vorhin noch auf Svala ein paar Sprünge in der Halle gemacht. Es ging so lala. Ich glaube, sie ist auch ganz schön fertig, weil Niko weg ist.«

Maja schossen wieder die Tränen in die Augen. »Ehrlich, ich nehme alles zurück, was ich ihr gewünscht habe, wenn nur Niko heil wiederkommt.«

»Das wird er. Bestimmt. Aber du darfst jetzt nicht aufgeben«, sagte Pauline und gab ihr einen aufmunternden Rippenstoß.

Maja zuckte mit den Schultern. »Mir ist es so wurscht, ob ich durchfalle oder nicht. Ich will nur Niko wiederhaben.«

259

Dann wurde schon Majas Name ausgerufen.

»Du bist dran! Viel Glück!« Pauline umarmte Maja kurz und hob zuversichtlich beide Daumen.

Maja zog die Nase hoch, rückte ihren Reithelm zurecht und atmete tief durch. Als sie mit Bess in die Bahn ritt, sah sie am Zaun des Vierecks ihre Eltern stehen, die ihre gestreckten Daumen in die Luft hielten. Britta saß mit zwei Prüfern hinter einem Tisch an der kurzen Seite des Vierecks.

Maja zügelte Bess auf der Mittellinie vor dem Richtertisch. Nervös blähte das Pony die Nüstern, schnaubte ein paarmal aufgeregt und trippelte unruhig auf der Stelle. Maja wurde es mulmig. Das fing ja gut an. Sie sprach leise mit Bess und beruhigte sie, so gut es ging. Aber sie fühlte sich selbst so unsicher, und Bess' nervöses Gezappel machte ihr nicht gerade Mut.

Majas Gruß zum Richtertisch wurde mit einem freundlichen Nicken beantwortet, und kurz danach ertönte auch schon das Startsignal. Maja gab leicht die Zügel nach, und sofort trat Bess forsch nach vorn an. Maja hörte die Kommandos von Britta, war aber heilfroh, dass sie schon wusste, was kam, und gedanklich die nächste Bahnfigur und den nächsten Gangartenwechsel vorbereiten konnte. Sie konzentrierte sich völlig auf Bess und ihren Ritt, und nach ein paar Minuten nahm das Pony den Kopf herunter, kaute auf dem Gebiss und ging in schöner Anlehnung am Zügel. Bis auf einen Außengalopp, den Maja jedoch sofort korrigierte, und zwei Bucklern beim Durchparieren zum Trab wurde es ein fehlerfreier Ritt. Mit lautem Applaus wurden sie für ihre Vorführung belohnt.

Maja sprang aus dem Sattel und lobte Bess ausgiebig. Das hatte wirklich besser geklappt, als sie erwartet hatte.

»Großartig!«, rief Herr Färber begeistert, als Maja aus dem Viereck kam, und auch ihre Mutter beglückwünschte sie strahlend. »Wie leicht und elegant das aussah! Das hast du ganz, ganz toll gemacht.«

»Ja, echt, voll krass. Super! Als hättest du die ganze Zeit nur Bess geritten.« Pauline schlug Maja anerkennend auf die Schulter.

»Ich bin auch froh. Hätte ich nach heute Morgen nicht gedacht. Das war echt brav von ihr.« Maja streichelte Bess über die Stirn, während das Pony sein schaumverschmiertes Maul an ihrer Reithose abwischte. Maja merkte es gar nicht. Ihre Gedanken waren schon wieder bei Niko.

»Ist er irgendwo aufgetaucht?«, fragte sie und biss angespannt auf ihre Unterlippe.

»Leider nein. Und es gibt auch keine Neuigkeiten«, antwortete Herr Färber.

Maja nickte traurig. Sie hatte nichts anderes erwartet.

Plötzlich fiel ihr auf, dass Meike nicht gekommen war.

»Hast du Meike heute eigentlich schon gesehen?«, fragte sie Pauline und sah sich suchend um.

»Heute? Nee, noch nicht. Wieso?«

»Weil sie kommen wollte. Das hat sie mir schon vor ein paar Tagen gesagt.«

»Meike?«, fragte auch Frau Färber.

»Das ist das Mädchen, das bei Niko am Weidezaun stand, als wir ankamen.«

»Ach ja, ich erinnere mich. Die kleine mit dem hübschen Wuschelkopf. Als ich heute gekommen bin, ist sie

mit dem Rad Richtung Dünen gefahren. Sie hatte einen riesigen Korb Möhren dabei. Ich habe mich noch gefragt, warum sie nicht zum Dünenhof abbiegt, aber man kann ja auch woanders Pferde füttern.«

Maja starrte ihre Mutter an. »Was hast du da gerade gesagt, Mama? Sie ist mit dem Fahrrad in die Dünen gefahren? Mit Möhren?«

»Ja. Aber das ist doch nichts Besonderes.«

»Heute schon. Hier, halt sie mal!« Maja drückte ihrem Vater die Zügel in die Hand und rannte zu Britta, die am Richtertisch mit den Prüfern sprach.

»Wann ist das Springen, Britta?«

»In eineinhalb Stunden, gleich nach der Mittagspause. Ihr und die Prüfer müsst ja auch etwas essen.«

»Ich habe keinen Hunger. Können Pauline und ich Charly und Boy haben?«

»Zum Ausreiten? Jetzt?«

»Es ist wichtig, Britta, wirklich. Ich glaube, ich weiß, wo Niko ist. In spätestens einer Stunde sind wir auch wieder da.« Maja sah sie mit flehendem Blick an.

»Das würde ich zwar normalerweise nicht erlauben, aber heute ist eine Ausnahme«, sagte Britta zögernd. »Und ich vertraue dir, Maja. Nehmt aber unbedingt ein Handy mit.«

»Danke!«, rief Maja erleichtert und raste zu Pauline zurück, die inzwischen Bess übernommen hatte.

»Schnell, schnapp dir Charly. Wir müssen in die Dünen!«

»In die Dünen? Jetzt? Hast du etwa auch Dummkoller?«

»Quatsch nicht. Niko ist bei Meike! Und die ist Richtung Dünen gefahren.«

»Ja, aber mit dem Fahrrad und nicht mit Niko«, bemerkte Pauline trocken.

Maja verdrehte die Augen. »Mann, Pauline, ich bin nicht blöd. Aber ihr Bruder zeltet doch da, und ich bin mir fast hundertprozentig sicher, dass Niko dort ist.«

»Ich verstehe zwar immer noch nix, aber ich komme natürlich mit. Hier, Herr Färber. Einfach in den Stall bringen und absatteln. Sie können das doch.« Pauline gab Majas verdutztem Vater wieder die Zügel von Bess und rannte hinter Maja in den Stall.

In aller Eile ritten sie kurze Zeit später mit Charly und Boy vom Hof.

Kapitel 21

Die Springprüfung hatte gerade begonnen, als Maja und Pauline mit Niko als Handpferd wieder auf den Dünenhof zurückkehrten. Meike, die hinter Pauline auf Charly saß, duckte sich, als Britta ihnen entgegenlief.

»Das ist ja wunderbar, dass ihr alle wieder da seid!«, rief sie erleichtert und umarmte Maja und Pauline, nachdem sie von den Ponys gesprungen waren.

»Ist alles in Ordnung?«

»Niko und uns geht es bestens«, meinte Maja und zwinkerte Meike zu. »Meike hat prima auf ihn aufgepasst!«

»Aufgepasst ist nett gesagt.« Britta sah Meike mit einem freundlichen, aber auch strengen Blick an.

Eingeschüchtert senkte Meike die Augen und trat einen Schritt hinter Maja.

»Wir beide müssen uns heute schon noch unterhalten, Meike. Aber macht ihr jetzt bitte Niko zum Springen fertig? Dörte und du, ihr springt als Letzte in ungefähr zwanzig Minuten.«

Maja nickte und führte Niko eilig in den Stall.

Meike folgte ihr niedergeschlagen. »Meinst du, Britta wird sehr schimpfen? Es tut mir so leid«, sagte sie

kleinlaut. »Ich hatte ganz vergessen, dass heute die Prüfung ist. Ben und Florian haben mich gestern so geärgert. Sie meinten, ich würde mich doch vor lauter Angst sowieso nie mit einem Pony allein in die Gegend trauen und würde immer bloß davon reden. Ich war so sauer, dass ich beschlossen habe, Niko zu holen und ihn vor das Zelt zu stellen. Die haben vielleicht Augen gemacht, als Niko plötzlich neugierig seinen Kopf durch den Eingang gesteckt hat.« Meike kicherte, und auch Maja musste lachen.

»Und du hast ihn einfach hier aus dem Stall geholt?«

Meike nickte. »Ja. Ich bin durch die hintere Stalltür reingegangen. Die steht ja meistens offen. Troll habe ich ein Stück Hundekuchen gegeben. Er hätte sowieso nicht gebellt, glaube ich, weil er mich ja inzwischen kennt. Dann habe ich Nikos Halfter vom Haken genommen, und damit man ihn nicht hört, habe ich ihm Stoff-Einkaufstaschen um die Hufe gebunden. Das habe ich mal im Fernsehen gesehen. Durch die hintere Tür bin ich auch wieder raus und über die Weide zur Straße gegangen. Niko war so lieb und ist einfach mitgelaufen.«

»Wahnsinn«, sagte Jan, der gerade die Stallgasse entlangkam und den Rest von Meikes Geschichte gehört hatte. »Das ist ja wie im Wilden Westen! Pferde mit Puschen entführen ... Tu uns nur einen Gefallen, Meike: Mach das bitte nicht noch einmal mit unseren oder anderen Pferden! Meine Nerven halten das nicht aus.« Er kratzte sich hinter dem Ohr und gab Niko einen Klaps auf die Kruppe. »Und dass du in deinem Leben noch eine

Entführung miterlebst, hättest du auch nicht gedacht, oder, Dicker?«

Zerknirscht sah Meike auf den Boden. »Ich mache es bestimmt nicht wieder«, sagte sie leise. »Und ich wollte Niko ja auch sofort wieder zurückbringen! Aber dann war es so schön, mal ein Pony zu haben, und mein Bruder und sein Freund fanden es auch ganz toll. Da haben wir ihn einfach noch ein wenig behalten.«

»Kann ich gut verstehen.« Maja drückte Niko einen dicken Kuss auf den Hals. »Wenn man ihn einmal hat, will man ihn einfach nicht mehr hergeben.«

Jan rollte mit den Augen. »Also ich möchte kein Pony bei euch sein. Das wäre mir wirklich zu anstrengend. Mit dieser ganzen Schmuserei.« Er grinste die Mädchen an, aber die hatten nur Augen für Niko. »Ich gehe jetzt zum Springen. Und euch möchte ich dort auch gleich sehen. Das habe ich mir wirklich verdient nach dieser ganzen Sucherei. Bis gleich.«

Als Jan gegangen war, kramte Meike in ihrer Umhängetasche und holte ein Päckchen heraus, das sie Maja verschämt hinhielt.

»Was ist denn da drin?«, fragte Maja neugierig und wunderte sich, wie schwer es sich anfühlte. Gespannt wickelte sie es aus.

»Wow, ein Hufeisen! Ein echter Glücksbringer! Super, Meike, danke!«

»Ich habe es vor ein paar Tagen auf der hinteren Weide gefunden, wo die Pferde meistens sind«, sagte Meike leise. »Ich dachte, dass es mir Glück bringt und ich vielleicht doch hier reiten darf. Aber meine Eltern sind

einfach dagegen. Jetzt schenke ich es dir. Weil du so nett zu mir bist. Sogar heute …«

»Es muss schlimm sein, reiten zu wollen und es nicht zu dürfen«, sagte Maja und sah Meike mitfühlend an.

Meike nickte traurig.

»Aber vielleicht erlauben es deine Eltern doch noch irgendwann. Du musst fest daran glauben und darfst nicht aufgeben. Holst du schon mal Nikos Sattel?«

Meike nickte, rannte in die Sattelkammer und kam kurze Zeit später mit Sattel und Zaumzeug zurück.

Maja zog gerade den Sattelgurt an, als Dörte die Stallgasse entlangkam.

»Niko ist gleich fertig. Ich bring ihn dir dann«, rief Maja barsch und schloss die Schnalle.

»Pauline ist noch vor mir dran. Ich … ich wollte dir nur sagen, dass ich auch wahnsinnig froh bin, dass Niko wieder da ist.« Sie schluckte und kraulte Niko nervös am Hals. »Außerdem wollte ich mich bei dir entschuldigen. Ich weiß, dass du mich nicht verpetzt hast. Aber ich war so sauer auf dich. Weil du Niko bekommen hast. Und … weil du schon so gut reitest. Sogar mit Boy kommst du besser klar als ich.« Verlegen zupfte Dörte an Nikos Mähne. »Und bei dir, Niko, entschuldige ich mich wegen dieser blöden Trense. Es tut mir leid, wenn ich dir beim Reiten im Maul wehgetan habe. Ich versuche ja schon, weicher zu sein, aber irgendwie klappt es nicht.«

»Doch«, sagte Maja leise, »ich finde, dass du ihn am Samstag schon viel weicher geritten hast als sonst. Es sah ziemlich gut aus.«

»Wirklich?« Dörte sah Maja überrascht an.

267

Maja nickte.

»Wieder Freunde?«, fragte Dörte und streckte Maja ihre rechte Hand entgegen.

Maja fühlte sich, als würde ihr ein riesiger Stein vom Herzen fallen.

»Freunde«, sagte sie strahlend und schlug ein.

Isabel kam in den Stall gerannt. »Wo bleibt ihr denn? Dörte, schnell! Du bist gleich dran!«

»Wir sind schon unterwegs«, rief Maja, griff Nikos Zügel und lief eilig mit Dörte und Meike hinaus.

Dörte schaffte eine fehlerfreie Runde über die vier Hindernisse und wurde im Ziel mit viel Applaus empfangen.

»Viel Glück«, sagte sie, als Maja sich in den Sattel schwang. »Er geht wieder mal super.«

Maja beugte sich über Nikos Mähnenkamm. »Weil du eben einfach der Beste bist. Lass mich bitte auch nicht hängen«, raunte sie ihm ins gespitzte Ohr.

Dann ritt sie im Schritt ins Viereck. Das Startsignal ertönte, Maja berührte leicht Nikos Flanken und gab mit den Zügeln nach. Ohne einen einzigen Trabschritt sprang er sofort in einen gelösten, kraftvollen Galopp. Wirf dein Herz voraus, dachte Maja und lenkte Niko konzentriert auf die erste Hürde zu. Ohne Zögern, weich und fließend sprang er darüber und nahm auch die weiteren drei Hindernisse, als seien sie gar nicht da. Fehlerfrei und unter lautem Beifall kamen sie ins Ziel. Freudestrahlend sprang Maja von Niko und umarmte ihn überschwänglich.

»Das sah ja wieder so leicht aus, mein Schatz«, rief Majas Mutter und umarmte sie.

»Ja, Respekt. Ich glaube, wir haben eine richtige Spring-
reiterin in der Familie«, sagte Majas Vater stolz. »Das hast
du bestimmt von mir.«

Maja grinste.

Nach einer kurzen Beratung der Prüfer gab Britta die
Ergebnisse bekannt.

»Herzlichen Glückwunsch! Dressur und Springen haben alle bestanden, und in einer Stunde treffen wir uns im
Ponystübchen zur theoretischen Prüfung. Die Pferde bitte
loben, absatteln und auf die Weide bringen.«

Alle freuten sich, und Maja bat Meike, schon einmal
mit Niko vorzugehen und mit dem Absatteln anzufangen.

Mit dem Hufeisen in der Hand lief sie zu Britta.

»Das ist ja Donnas Eisen!«, rief Britta überrascht. »Wo
hast du das denn her?«

»Meike hat es entdeckt, wahrscheinlich kurz nachdem
Donna es verloren hat. Deshalb konnte Tim es auch gar
nicht finden. Brauchst du es noch?«

Britta schüttelte den Kopf. »Nein, jetzt nicht mehr.
Donna ist ja inzwischen schon neu beschlagen worden.
Warum wollte Meike es denn nicht selbst behalten?«

»Ich glaube, sie hat ein richtig schlechtes Gewissen –
wegen Niko. Das Hufeisen soll mir beim Reiten immer
Glück bringen, meinte sie.«

»Wie nett von ihr«, sagte Britta lächelnd.

»Sag mal, hättest du was dagegen, wenn ich Meike ein
paar Runden auf Niko über den Hof führe? Sie würde sich
so freuen, ihn mal reiten zu dürfen, aber ihre Eltern erlauben ihr keinen Reitunterricht.«

Britta überlegte einen Augenblick. »Ja, ich habe etwas dagegen«, sagte sie dann. »Und vor der Theorieprüfung sage ich dir auch, warum. Aber wo ist eigentlich Pia?«

Maja zuckte mit den Schultern und ging enttäuscht zum Putzplatz, wo Meike das Pony mittlerweile auch schon abgetrenst hatte und auf sie wartete. Maja hätte Meike so gern eine Freude gemacht und konnte Brittas »Nein« nicht verstehen. Gemeinsam brachten sie Niko zur Weide.

Als sie zum Stall zurückkehrten, winkte Britta ihnen vom Ponyhaus her zu. Langsam gingen Maja und Meike zu ihr.

»Wir werden heute Abend noch miteinander reden«, sagte Britta und sah Meike freundlich an. »Aber vorher möchte ich dir sagen, dass Pia dir morgen Vormittag eine Longenstunde auf Niko gibt – natürlich nur, wenn du magst …«

»Mann, Britta, das ist ja tausendmal besser als mein Vorschlag!«, rief Maja. »Toll!«

Meike sah Britta nur mit großen Augen an und sagte gar nichts.

»He, ist das nicht super?«, sagte Maja und knuffte Meike leicht in die Seite.

»Ich … ich kriege eine richtige Reitstunde? Auf Niko?«

»So ist es. Es wird dir bestimmt Spaß machen, Pia ist eine sehr gute Lehrerin.«

»Da… danke«, stammelte Meike und sah immer noch so aus, als könnte sie es nicht fassen, statt einer Standpauke eine Reitstunde zu bekommen.

»Bedank dich bei Maja. Es war ihre Idee. Nur musst du mir versprechen, nie wieder mit unseren oder anderen

Pferden Brüder und Freunde zu erschrecken.« Britta warf einen Blick auf ihre Armbanduhr. »In zehn Minuten geht die theoretische Prüfung los. Meike kann ja solange noch in der Reithalle bei Pia und Fratz zuschauen. Wir sind in ungefähr einer Stunde mit allem fertig. Kommst du, Maja?«

»Sofort. Hier«, sagte Maja und gab Meike das Hufeisen. »Pass bitte noch mal drauf auf. Ich glaube, du hast wirklich einen Glücksbringer gefunden – aber für uns beide.«

Kapitel 22

»Ich bin bestimmt durchgefallen.« Nervös ging Pauline vor dem Ponystübchen auf und ab, während sie mit den anderen nach der Theorieprüfung auf die Ergebnisse wartete.

»Quatsch. Bestimmt nicht«, tröstete Maja sie. »Du hast doch die Ersatzfragen richtig beantwortet. Und das gilt auch.«

»Ob die das wirklich durchgehen lassen? Zweimal eine falsche Antwort? Und ausgerechnet beim Huf, obwohl ich den doch im Schlaf kann.« Pauline schlug sich mit der Hand vor die Stirn. »Ich fasse es immer noch nicht.«

Maja dagegen hatte alle Fragen zu Anatomie, Bewegungsabläufen und Pferdeausrüstung sicher beantwortet, und auch Dörte, Isabel, Nicola und Sarah hatten alle Antworten gewusst. Tim hatte bei zwei Fragen passen müssen. Er bekam aber auch viel schwierigere Fragen. Doch da er so viel gelernt hatte, konnte auch er die Ersatzfragen sicher beantworten, und die Prüfer wirkten insgesamt sehr zufrieden.

Nach endlosen zwanzig Minuten ging die Tür auf, und Britta kam heraus.

»Entspannt euch«, sagte sie lächelnd, als sie in die nervösen Gesichter sah. »Es ist vollbracht! Tim hat das ›Deutsche Reitabzeichen in Bronze‹ bestanden, alle anderen den ›Reiterpass‹ und damit auch den ›Basispass Pferdekunde‹. Ihr habt das ganz großartig gemacht!«

Sie hatte ihren Satz noch nicht zu Ende gesprochen, als ein großes Freudengeheul ausbrach. Die Mädchen fielen sich gegenseitig um den Hals, und jede wollte Tim die Hand schütteln. In ihrem Überschwang umarmte Maja ihn sogar, was Tim mit einem verlegenen Lächeln und ohne sich zu wehren hinnahm.

Dörte und Maja gratulierten sich ebenfalls. Zuerst noch sehr förmlich per Handschlag, dann aber fielen auch sie sich um den Hals.

Kurz danach verteilte Britta die Urkunden und Reiterpässe.

Tim strahlte, als er fast ehrfürchtig sein Abzeichen entgegennahm. Er schien sich riesig darüber zu freuen.

»Ganz toll gemacht, Tim«, sagte Britta, und auch Jan klopfte ihm anerkennend auf die Schulter. »Ja, beeindruckend. Aber was so ein richtiger Insulaner ist – der macht die Reitabzeichen doch mit links, oder?«

»Mit links ist ziemlich übertrieben«, winkte Tim bescheiden ab. »Bei Donna braucht man schon beide Hände, und für die Theorie habe ich ja auch ganz schön gepaukt. Ich bin superfroh, dass es so gut ging. Aber mal etwas ganz anderes: Wann gibt es denn heute Abendbrot? Ich habe vielleicht einen Kohldampf!«

Jans Gesicht wurde plötzlich ganz ernst. »Abendessen, tja, Mensch, gut, dass du uns daran erinnerst.«

273

Umständlich kramte er ein Taschentuch aus seiner Hose und schnäuzte sich kräftig.

»Also … das Abendbrot auf dem Dünenhof muss heute anlässlich der vielen Ereignisse leider ausfallen.« Plötzlich war es mucksmäuschenstill. Entgeistert sahen alle Jan und Britta an.

»Wie … ausfallen?«, fragte Maja fassungslos und knabberte an ihrer Lippe. Auch ihr knurrte inzwischen kräftig der Magen, und sie brauchte nach diesem Tag unbedingt noch eine richtig gute Mahlzeit.

»Jan hat leider recht. Es fällt aus. Zumindest hier. Aber …«, fuhr Britta mit einem schelmischen Funkeln in den Augen fort, »dafür grillen wir heute am Strand! In der Küche ist alles vorbereitet, und ihr müsst nur noch beim Transport helfen. Deine Eltern habe ich natürlich auch eingeladen, Maja. Und sag auch Meike, dass sie herzlich willkommen ist.«

»Das ist ja vielleicht ein krasser Tag! Erst ist Niko weg, dann bestehen wir alle die Prüfung, und jetzt grillen wir auch noch!«, rief Pauline in den erneut losbrechenden Jubel hinein und tanzte wild mit Pia, die inzwischen dazugekommen war, und Maja durch den Raum.

Dann lief Maja zu Meike, um ihr alles zu erzählen. Sie fand sie bei Niko im Stall.

»Und heute Abend bist du zum Grillen eingeladen«, schloss sie ihren Bericht. »Es gibt Würstchen und Kartoffelsalat und meinen super Schokoladenkuchen. Du kommst doch, oder?«

Meike sah Maja unsicher an. »Aber ich gehöre doch gar nicht dazu«, sagte sie leise.

»Quatsch, natürlich tust du das! Und die anderen freuen sich auch, wenn du kommst.«

»Wirklich?«

»Ich würde es nicht sagen, wenn es nicht so wäre.«

»Dann frage ich jetzt sofort meine Eltern!« Mit leuchtenden Augen rannte Meike aus dem Stall.

»Sag ihnen doch, sie sollen mitkommen!«, rief Maja ihr hinterher. »Dein Bruder und sein Freund auch! Ich sag meinen Eltern, dass sie deinen mal erzählen sollen, wie toll Reiten ist!«

»Mache ich!«, rief Meike zurück und war schon aus dem Stall verschwunden.

Es wurde ein lustiges, langes Grillfest am Meer. Majas und Meikes Eltern und sogar Ben und sein Freund waren gekommen. Den ganzen Abend sangen sie Reiterlieder und englische Songs, die Jan auf der Gitarre begleitete. Herr Färber schien vom Singen gar nicht genug kriegen zu können. Ununterbrochen schlug er Fahrten- und Wanderlieder aus seiner Jugend vor, die Jan auch fast alle kannte und spielen konnte.

Tim trug sein Reitabzeichen am Parker und schien mächtig stolz darauf zu sein. Die meiste Zeit saß Maja neben ihm, alberte mit ihm herum und fand ihn noch ausgelassener als beim Strandfest im Sommer.

Mit Fackeln und Laternen machten sie sich spät in der Nacht auf den Heimweg.

»Was für ein Tag«, sagte Maja zu Pia und Pauline, die neben ihr gingen. »Heute Morgen habe ich noch geglaubt, dass ich Niko nie wiedersehe. Dann reite ich mit Bess

Dressur, wir bestehen alle den Reiterpass und Tim sogar sein Abzeichen, und plötzlich ist Niko auch wieder da. Wahnsinn, oder?«

»Hier, noch so ein Wahnsinn.« Pauline drückte Maja ein kleines Alupäckchen in die Hand. »Das ist das letzte Stück Schokokuchen. Das habe ich gerettet, damit du es unserem Reitgenie Timmie geben kannst. Ist das nicht wahnsinnig nett von mir?«, sagte sie grinsend und hakte sich bei Maja ein.

»Mann, du bist echt eine blöde Ziege. Aber die tollste, die es gibt!«

»Und ich?«, fragte Pia mit gespielter Empörung.

»Du? Du bist die andere tollste Ziege, und zusammen seid ihr so unerträglich toll, dass ich froh bin, euch übermorgen wieder los zu sein!«, rief Maja lachend, und gemeinsam rannten sie im Mondschein durch die nächtliche Dünenlandschaft zum Hof zurück.

»Und haaaalt.« Pia wartete, bis Niko stand, und wickelte dann sorgfältig die Longe auf. »Das hast du super gemacht, Meike, ehrlich. Richtig gut.«

Mit glühendem Gesicht und strahlenden Augen sprang Meike aus dem Sattel. »Das hat vielleicht Spaß gemacht! Und Niko ist so lieb!«

»Ja, das ist er. Und du würdest bestimmt schnell reiten lernen. Ich finde, Meike hat wirklich Talent, oder, Maja?«

Maja, die die Longenstunde vom Zaun aus beobachtet hatte und nun ins Viereck kam, nickte.

»Auf jeden Fall. Es ist aber auch zu blöd, dass deine Eltern so dagegen sind.«

»Seit gestern nicht mehr! Meine Eltern haben mir für die letzte Woche Urlaub noch drei Reitstunden geschenkt!«

»Echt?« Maja und Pia rissen die Augen auf.

»Ja! Dein Vater hat doch gestern so lustig über das Reiten und Lord erzählt, und deine Mutter hat wohl auch gesagt, wie gut dir der Umgang mit Pferden tut. Das muss sie irgendwie umgestimmt haben. Heute Morgen beim Frühstück haben sie mir jedenfalls gesagt, dass ich, solange wir noch hier sind, drei Stunden nehmen darf«, erzählte Meike lebhaft.

Gemeinsam gingen sie zum Stall. Pia hatte sich vorgenommen, Bess noch zu longieren, während Maja und Meike Niko absattelten und in die Box brachten.

»Übrigens habe ich auch noch etwas für dich«, sagte Maja, als sie die Boxentür schloss und auf die Stallgasse hinaustrat. »Warte mal einen Moment, ja?«

Sie rannte in die Sattelkammer und kam nach kurzer Zeit mit hinter dem Rücken verschränkten Armen zurück.

»Welche Hand willst du? Links oder rechts?«

»Die Linke.«

»Glück gehabt«, sagte Maja und reichte Meike ein in Geschenkpapier eingewickeltes weiches Päckchen.

Meike sah Maja fragend an. »Du schenkst mir etwas?«

»Warum nicht? Aber guck doch mal nach, was es ist!«

Vorsichtig wickelte Meike das Papier ab. Zum Vorschein kam Majas blaue Reithose.

»Vielleicht ist sie dir noch ein bisschen groß, aber jetzt, wo du Reitstunden nehmen darfst, kannst du sie doch bestimmt gut gebrauchen.«

Meike schluckte. »Du schenkst mir einfach deine Reithose?«

Maja zuckte mit den Schultern. »Ich kriege sie kaum noch zu, und meine Mutter fand die Idee, sie dir zu geben, richtig gut. Ich habe vor den Ferien ja diese grüne hier bekommen. Also … wenn du sie haben willst … es ist deine.«

»Natürlich will ich sie«, rief Meike und drückte Maja einen Kuss auf die Wange. »Danke! Du bist wirklich so toll.«

»Och, da nich für«, grinste Maja.

»Da nich was?«

»Da nich für! Sagt Tim doch manchmal. Das ist Norddeutsch und heißt ›keine Ursache‹«, erklärte Maja fröhlich.

Sie verabschiedeten sich, und Meike versprach, vor Majas Abreise am nächsten Tag auf jeden Fall noch vorbeizukommen.

Als Maja gerade wieder zur Reithalle gehen wollte, um zu schauen, ob Tim vielleicht gerade ritt, kam Britta mit Troll aus dem Gutshaus. Jetzt oder nie, dachte Maja und lief ihr entgegen.

»Kann ich dich mal etwas fragen?«

»Sowieso. Was hast du denn auf dem Herzen?«

»In der Sattelkammer hängen doch zwei Sättel, die nicht mehr gebraucht werden«, begann Maja zögernd. »Die waren auch schon im Sommer da, und ich habe noch nie gesehen, dass sie für eines der Ponys benutzt werden.«

»Stimmt. Und?«

»Na ja … Ich wünsche mir schon lange für mein Zimmer zu Hause einen Sattel, den ich auf meinen

Schreibtischhocker legen kann. Ich habe auch schon in Anzeigenblättern und am Schwarzen Brett im Reitstall nach gebrauchten Sätteln gesucht. Aber die sind immer so teuer. Und ...«

»... da wolltest du fragen, ob du einen ausrangierten von uns haben kannst.«

»Genau«, sagte Maja erleichtert. »Aber nicht einfach haben. Kaufen natürlich. Ich habe dafür gespart. Und auch nur dann, wenn ihr ihn nicht mehr brauchen solltet. Und ich ihn mir leisten kann.«

Britta antwortete nicht sofort, und Maja befürchtete schon, dass ihre Frage doch zu unverschämt war.

»Es ist tatsächlich so«, sagte sie schließlich, »dass wir die Sättel nicht mehr benutzen. Sie sind sehr alt, und einer ist sogar von Niko. Der ist allerdings unbezahlbar, weil es der erste Sattel von Niko ist und ich ihn viele, viele Jahre damit geritten habe.«

»Ich dachte es mir schon«, sagte Maja leise und ließ enttäuscht die Schultern hängen.

Britta lächelte. »Ja, er ist unbezahlbar. Aber weißt du was? Ich schenke ihn dir.«

Maja starrte Britta mit offenem Mund an. Hatte sie richtig gehört? Britta wollte ihr Nikos ersten Sattel schenken?

»Du kannst den Mund wieder zumachen«, lachte Britta und klopfte Maja auf die Schulter. »Man muss auch die Dinge, an denen man hängt, zum richtigen Zeitpunkt weitergeben. So wie Meike dir auch das Hufeisen gegeben hat. Und da du so an Niko hängst, soll auch ein Stück von ihm bei dir zu Hause sein. Eine Bedingung gibt es allerdings ...«

»Welche?«, fragte Maja atemlos und sah Britta gespannt an.

»Du darfst ihn nie wegwerfen. Wenn du ihn in ein paar Jahren nicht mehr haben willst, dann musst du ihn mir zurückbringen.«

»Nie, niemals werde ich Nikos Sattel weggeben, versprochen!«, sagte Maja ernst. Sie konnte es immer noch nicht fassen, was Britta ihr da gerade für ein Geschenk gemacht hatte. »Danke, Britta. Vielen, vielen Dank.«

»Da nich für. Jetzt muss ich aber weiter. Dein Vater hat in zehn Minuten seine letzte Reitstunde, und die möchtest du doch auch nicht verpassen, oder?«

Kapitel 23

»Wir sind gleich so weit«, trällerte Majas Vater übermütig, als er Maja und Britta kommen sah. Singend schob er Lord das Gebiss ins Maul, schnallte die Trense zu und zupfte sorgfältig den Schopf heraus, während Tim Lord sattelte.

»Sie können wohl kaum das Ende Ihrer letzten Reitstunde erwarten, oder?«, scherzte Britta.

Herr Färber drehte sich zu ihr um. »Da irren Sie sich aber gewaltig, meine Gute. Ich kann es heute kaum erwarten, endlich auf diesen charakterstarken Lord zu kommen. Und ich finde es sehr, sehr schade, dass es das letzte Mal ist. Du auch, mein Guter, oder?« Er tätschelte Lords Schulter. »Machen Sie sich darauf gefasst, mich nicht zum letzten Mal hier gesehen zu haben«, wandte er sich wieder an Britta. »Und wie ich vorhin von Tim erfahren habe, findet in den nächsten Osterferien das erste größere Turnier auf dem Dünenhof statt. Ich könnte mir vorstellen, dass Maja —«

»Papa!«, kreischte Maja und umarmte ihren hockenden Vater so stürmisch, dass sie beide rücklings auf den Hintern fielen. Troll sprang sofort zu ihnen und leckte Herrn Färber begeistert über das Gesicht. Maja bekam einen

Lachanfall, und erst als Jan Troll am Halsband packte und zurückzog, konnte sie aufstehen.

»Herrje, hier muss man aber auch auf alles gefasst sein«, sagte Herr Färber lachend.

Jan streckte ihm die Hand entgegen und zog ihn hoch. »Allerdings«, sagte er. »Für überschwängliche Töchter können wir allerdings nichts. Für überschwängliche Hunde schon.«

Alle lachten.

»Dann reserviere ich schon mal zwei Plätze in den Osterferien«, sagte Britta in die allgemeine Heiterkeit hinein. »Vielleicht kommen Sie ja dann auch mit, Frau Färber?«

»Oh Gott, niemals!« Frau Färber, die gerade in den Stall getreten war, winkte entschieden ab. »Ich werde mir drei wunderbare Wochen am Meer machen und meine Ruhe genießen, während mein Mann und meine Tochter reiten müssen«, sagte sie vergnügt und zwinkerte ihrem Mann und Maja zu.

»Sag niemals nie!«, erwiderte Herr Färber und hob den Zeigefinger. »Vor Kurzem habe ich nämlich auch noch ganz anders gedacht und hätte mir nicht träumen lassen, dass ich jemals wieder wie ein junger Gott am Strand entlanggaloppieren würde.«

»Das mag sein. Aber im Gegensatz zu dir gehe ich lieber auf zwei Füßen, statt auf vier Hufen zu sitzen.«

Alle lachten über die schlagfertige Antwort.

Tim stellte sich neben Maja und vergrub die Hände in den Taschen seiner Reithose. »Das wird bestimmt ein schönes Turnier, und bei der A-Dressur und beim A-Springen

hast du garantiert gute Chancen. Wenn wir mit der Planung fertig sind, schicke ich dir die Infos.«

Maja schoss wieder die Hitze ins Gesicht. So deutlich hatte Tim ihr noch nie gezeigt, dass ihm etwas an ihr lag.

Tim grinste. »Und auf den nächsten Strandgalopp mit deinem Vater und dir freue ich mich jetzt schon. Kommst du mit die Pferde holen?«

Ich war's, aber pssst …!

Luisa will später Bücherschreiberin werden. Oder Lehrerin. Oder Hundekunststückbeibringerin (äh, oder so ähnlich). Jetzt schreibt sie aber erst mal Tagebuch. Schließlich passiert einiges in Luisas Leben. Kein Wunder bei zwei kleinen Schwestern, die einem abwechselnd ins Bett pinkeln und die eigene Malkreide auffuttern. Aber Luisa bringt so schnell nichts aus der Fassung. Dafür hilft sie anderen doch viel zu gern. Komisch nur, dass die so selten dankbar sind … Oder warum freut sich Mama nicht darüber, dass die Pralinen nun endlich leer sind? Die wollte doch sowieso abnehmen, oder etwa nicht?

Janne Nilsson
Luisa
Band 1: Ich helfe, wo ich
kann (ob ihr wollt oder nicht)
256 Seiten, gebunden
€ 9,99 [D]
ISBN 978-3-505-13498-2

Kinder lieben Schneiderbücher!

Schneiderbuch
EGMONT

Die Glückskeks-Bande

Linda Chapman
Die Glückskeks-Bande
Band 1: Eine Prise Freundschaft
192 Seiten, gebunden
€ 9,99 [D]
ISBN 978-3-505-13558-3

Verzuckert wie ein großes Stück Schokokuchen

Zuckrige Cupcakes, sahnige Törtchen und süße Kekse sind Hannahs große Liebe. Zusammen mit ihrer Mutter erfindet sie die tollsten Rezepte. Als Mama dann Mark heiratet, erfüllt sie sich endlich ihren Traum und eröffnet eine eigene Bäckerei. Zusammen mit Marks quirligen Zwillingen stürzt sich die Patchwork-Familie in ihr aufregendes neues Leben. Aber aller Anfang ist schwer, Mama hat alle Hände voll zu tun und kaum noch Zeit für Hannah. Eifrig schmiedet Hannah Pläne, wie sie der Bäckerei zum Erfolg verhelfen kann, und findet dabei auch noch die besten Freundinnen aller Zeiten!

Kinder lieben Schneiderbücher!

www.schneiderbuch.de

 Schneiderbuch
EGMONT

Schneiderbuch will's wissen!

Gefallen dir unsere Bücher?
Schreib uns deine Meinung
und gewinne!

www.schneiderbuch.de/deinemeinung

An:
Schneiderbuch
Köln

Deutschland

 Schneiderbuch

Kinder lieben Schneiderbücher!

www.schneiderbuch.de